T0110806

Printed in the United States
By Bookmasters

التنمية البشرية المستدامة
والنظم التعليمية

١

التنمية البشرية المستدامة
والنظم التعليمية

د. المعتصم بالله الجوارنه
د. ديمة محمد وصوص

دار الخليـــــج
للنشر والتوزيع

بسم الله الرحمن الرحيم

الطبعة الأولى

١٤٣٠هـ - ٢٠٠٩م

رقم الإيداع لدى دائرة المكتبة الوطنية (432/ 2 / 2008)

307.1

الجوارنة، المعتصم بالله

التنمية البشرية المستدامة والنظم التعليمية / المعتصم بالله الجوارنة، دعمة محمد وصوص

عمان: دار الخليج، ٢٠٠٨

ر.أ.: (432/ 2 / 2008)

الواصفات: /التنمية الاجتماعية//إدارة الأفراد//الإدارة التعليمية

تم إعداد بيانات الفهرسة والتصنيف الأولية من قبل دائرة المكتبة الوطنية

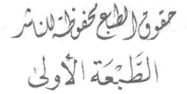

دار الخليج ناشرون وموزعون

صناع التغيير ناشرون وموزعون

هاتف: ٩٦٢ ٦ ٤٦٤٦٥٥٥

تلفاكس: ٩٦٢ ٦ ٤٦٤٧٥٥٩

ص.ب: ١٨٤٠٣٤ عمان ١١١١٨ الأردن

e-mail: daralkhalij@hotmail.com

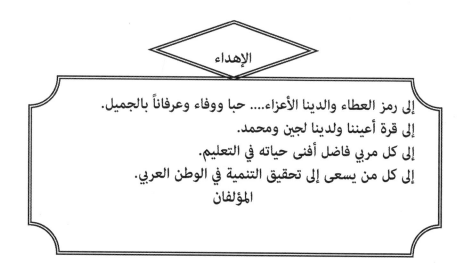

الإهداء

إلى رمز العطاء والدينا الأعزاء.... حبا ووفاء وعرفاناً بالجميل.

إلى قرة أعيننا ولدينا لجين ومحمد.

إلى كل مربي فاضل أفنى حياته في التعليم.

إلى كل من يسعى إلى تحقيق التنمية في الوطن العربي.

المؤلفان

ٮ

المحتويات

الفصل الثاني
معايير التنمية البشرية المستدامة

الفصل الثالث

نماذج وتجارب عالمية في التنمية البشرية

١٠

مقدمة

تجدر الإشارة أن الإنسان في كل زمان ومكان لا يعيش في فراغ، كما أنه لا يتحرك أو يعمل وحيدا، فالإنسان كائن بشري يحيا ويتحرك من خلال تنظيم مجتمع ما أوضاعه ونظمه ومؤسساته الاقتصادية والسياسية والثقافية. ويتجاوز مفهوم التنمية البشرية ذلك لينظر إلى الإنسان من خلال التنظيم المجتمعي بأنة كائن مؤثر وفاعل مع النظم والمؤسسات، وفي علاقاته الاجتماعية من أجل تنمية طاقاته وإمكاناته إلى أقصى ما يمكن أن تصل إليه، وإلى توظيف كافة هذه الطاقات والإمكانات لتوفير الرخاء له ولغيره من البشر، وبذلك يمثل الإنسان في عملية التنمية البشرية عنصراً ديناميكياً في مدخلاتها ومخرجاتها، ويغدو عنصراً حاكماً على بقية الموارد المادية والطبيعية لا محكوماً لها، فالتنمية البشرية تستهدف إنسانية الإنسان وإعداده.

كما أن ميادين التنمية البشرية تتطلب استثمارا للحقائق والمعلومات المتوفرة من أجل تحديد وتطوير نظام التعليم، وتفعيل دوره في مجال التنمية البشرية المستدامة؛ لتحقق المجتمعات الصدارة في شتى الميادين العلمية والتكنولوجية والمعلوماتية والاقتصادية والاجتماعية وغيرها، لهذا يتوقف تقدم الأمم وتأخرها اليوم على فاعلية التعليم، وقدرته على استيعاب الانفجار المعرفي، ومواكبته للتحولات الجذرية المتلاحقة في ميدان تقنيات

المعلومات، والاتصال، ومشاركته في صنع المعرفة عن طريق البحث العلمي، وانتقاله من تعليم الخاصة إلى تعليم العامة وانفتاحه على محيطه الاجتماعي والاقتصادي لتحقيق التنمية المنشودة.

ولتوضيح التنمية البشرية المستدامة قسم الباحثان هذا الكتاب إلى ثلاثة فصول رئيسية، حيث أشتمل الفصل الأول على حقيقة التنمية البشرية المستدامة من خلال إعطاء نبذة تاريخية عن التنمية البشرية المستدامة، وتوضيح عناصر التنمية البشرية، وتصنيف مؤشراتها، وبيان أبعاد التنمية البشرية ومقاييسها ومعوقاتها، و بيان خصائصها والتحديات التي تواجهها.

أما الفصل الثاني والذي تضمن معايير التنمية البشرية المستدامة حسب تقسيم برنامج الأمم المتحدة للتنمية البشرية إلى ثلاثة معايير مهمة، يتحقق من خلالها التنمية البشرية لأي مجتمع من المجتمعات البشرية وهي: معيار التعليم وبين الباحثان فيه أهمية التعليم، وحق التعليم، والمناهج التعليمية، والتحديات التي تواجه التعليم، ومخرجات التعليم والتنمية البشرية والثقافة والتنمية، وطرح بعض المقترحات لحل إشكالية التعليم العالي. إما ومعيار الصحة؛ حيث تضمن إستراتيجيات تطور الرعاية الصحية وواقع القطاع الصحي في الأردن، وسياسة الرعاية الصحية. أما المعيار الثالث وهو معيار الدخل، حيث تضمن القوى العاملة، والعمل والتعليم والدخل، ومتوسط دخل الفرد، وواقع سوق العمل الأردني، وكذلك مشاركة المرأة في سوق العمل.

أما الفصل الثالث فقدم الباحثان نماذج وتجارب عالمية في التنمية البشرية؛ منها التجربة الكورية في التنمية البشرية وبيان التنظيم الإداري

والتعليمي فيها، وكيفية الإنفاق على التعليم الكوري،وأيضا التجربة لخمـس دول آسيوية وهي (سريلانكا، الفلبين، إندونيسيا، كوريا، تايلنـدا)، وأخـيرا النمـوذج اليوناني في التنمية البشرية.

المؤلفان

الفصل
الأول

حقيقة التنمية البشرية المستدامة
(ماهيتها)

- نبذة تاريخية عن التنمية البشرية المستدامة.
- أهمية التنمية البشرية.
- مفهوم التنمية البشرية المستدامة.
- عناصر التنمية البشرية المستدامة.
- تصنيف مؤشرات التنمية البشرية المستدامة وأنواعها.
- أبعاد التنمية البشرية المستدامة.
- مقاييس التنمية البشرية المستدامة.
- مقومات التنمية البشرية المستدامة.
- خصائص التنمية البشرية المستدامة.
- تحديات التنمية البشرية المستدامة في القرن الحادي والعشرين.

الفصل الأول
حقيقة التنمية البشرية المستدامة
(ماهيتها)

* نبذة تاريخية عن التنمية البشرية المستدامة:

يُعد علم التربية بشكل عام من أهم العلوم التي تعنى بمساعدة الأفراد سواء كانوا ذكوراً أم إناثاً على إدارة شؤون الحياة والتطلع إلى المستقبل بصورة واضحة، وذلك على أسس علمية مقننة حتى يتحقق الاستقرار والخير للأسرة والمجتمع، وعلم التربية بما يتضمنه من مجالات دراسية متنوعة يسهم بشكل بناء في حل مشكلات الإنسان وتساعده على تحقيق التنمية البشرية بمفهومها الشامل.

حيث من البديهي أن الإنسان في كل زمان ومكان لا يعيش في فراغ، كما أنه لا يتحرك أو يعمل وحيداً وإنما هو كأن بشري يحيا ويتحرك من خلال تنظيم مجتمع ما له أوضاعه ونظمه ومؤسساته الاقتصادية والسياسية والثقافية. كذلك يتجاوز مفهوم التنمية البشرية، لينظر إلى الإنسان من خلال التنظيم المجتمعي بأنة كائناً مؤثراً وفاعلاً مع النظم والمؤسسات، وفي علاقاته الاجتماعية من أجل تنمية طاقاته وإمكاناته إلى أقصى ما يمكن أن تصل آلية، والى توظيف كافة هذه الطاقات والإمكانات في توفير الرخاء له

ولغيره من البشر، وبذلك يمثل الإنسان في عملية التنمية البشرية عنصراً ديناميكياً في مدخلاتها ومخرجاتها، ويغدو عنصراً حاكماً على بقية الموارد المادية والطبيعية لا محكوماً لها، فالتنمية البشرية تستهدف إنسانية الإنسان وإعداده.

وهذا ما كان واضحاً من خلال الحقب التاريخية الماضية حيث أغفلت الجانب الإنساني والاجتماعي والثقافي في عمليات التعليم نتيجة الحاجة لإعادة البناء المادي للمجتمعات . وقد ساعد على ظهور بعض الأفكار الاجتماعية مثل فكر فيليب تايلور الذي نادى بتطويع العملية التعليمية من أجل تحسين العنصر البشري للعمل والإنتاج. ولا شك أن هذا الاتجاه شكّل تعقيداً بالغاً على الدور التعليمي في تحقيق التنمية البشرية في ذلك الوقت، وهو تأثير أمتد حتى الوقت الحاضر حيث ما زالت تنادى بعض أنظمة التعليم بضرورة العناية بالبناء الإنساني من الجانب الاقتصادي فقط. (الشراح،٢٠٠٢:٢٥٧)

بل لا بد من النظر إلى الثروة الحقيقية للأمة العربية في ناسها- نساءً ورجالاً وأطفالاً- هم أمل الأمة كما هم ثروتها. وتحرير هؤلاء الناس من الحرمان بجميع أشكاله، وتوسيع خياراتهم، إذ لا بد أن يكونا محور عملية التنمية في البلدان العربية. ورغم أن العقود الخمسة الماضية شهدت تقدماً ملموساً على صعيد تمكين البشر وتخفيف حدة الفقر إلا أن الطريق نحو معالجة الحرمان البشري وتحقيق العدالة الاجتماعية ما زال طويلاً. (تقرير التنمية الإنسانية العربية، ٢٠٠٢: ١)

ولقد برز في السنوات الأخيرة مفهوم التنمية البشرية، باعتباره المعيار الجوهري في تقييم الجهود الإنمائية، وفي إمكانات تطورها وتأثرها في المجتمعات العربية وخاصة المجتمع الأردني. لذلك حظي هذا المفهوم بمصداقية هائلة من خلال ما تحتويه مضامينه وعملياته من مفاهيم النمو الاقتصادي، وتنمية الموارد، وتكوين رأس المال البشري، والتنمية التعليمية والصحية والتكنولوجية والسياسة والثقافية. والواقع أن المفاهيم السابقة تمثل الأبعاد الرئيسة في مفهوم التنمية البشرية المستدامة. (عمار، ١٩٩٨)

وفي الوقت ذاته،فإن البشر هم صانعو التنمية بمنافعها المختلفة وسلعها وخدماتها ومعارفها ومهاراتها وتنظيماتها ومؤسساتها. ومن خلال جهودهم الفكرية والعملية تتم تعبئة موارد المجتمع الأخرى لكي ينجم عنها الحجم والنوع الأمثل للإنتاج الذي يعتمد على إنتاجية العامل. وهذه الإنتاجية إنما يعتمد التزايد في معدلاتها على الدافعية للعمل الإنساني في إطار مجتمعي يحدد الحوافز والأجور والمكانة الاجتماعية والقناعات النفسية والمعنوية المرتبطة بتقسيم العمل وأنواعه وثماره وعوائد هذه الثمار. وفي سياق هذه الديناميات والمقومات الاجتماعية ينشط الإنسان فكراً وفعلاً وتنظيماً لكي يكون صانع حياته وتنمية موارده من خلال العمل المنتج والمثمر والمجزي.

وحيث نتحدث عن بناء الإنسان أو التنمية البشرية إنما نقصد الإنسان هدفاً وغاية نهائية وذلك في إطار إشباع حاجاته المادية واللامادية، وتوفير الظروف المجتمعية التي تحقق رغبات الإنسان وطموحاته المستقبلية.

والهدف من ذلك تجنب الفرد ويلات الفقر والفاقة والمرض والجهل والتهميش الاجتماعي، وتمكينه من الاستمتاع بالأمن على حياته وحاضرة ومستقبله، وتوفير فرص المشاركة ومجالاتها في مسيرة مجتمعة، تعبيراً وقراراً وتوجيهاً. كما وأن تنمية الموارد البشرية هو وضع قضايا الإنسان في إطار أوسع وأرحب من الإطار الاقتصادي الذي ركز على تنمية الإنسان كمورد بشري في خدمته الاقتصاد والإنتاجية. وشاع تبرير الاهتمام بالمورد البشري من الناحية الصحية أو التعليمية، أو السكنية لان ذلك عامل هام في زيادة مستوى تحسين حياة الإنسان، أضف إلى ذلك أن عطاء الإنسان وجهده ليس مجرد محصلة ميكانيكية آلية لما بني عليه، لكنه خليقة الله في أرضه، كائن فاعل، كذلك حريص على التطوير والإبداع. (عمار، ١٩٩٢)

كما وأن مضمون التنمية البشرية المستدامة يرتكز وبشكل كبير على اكتساب المعرفة باعتبارها أحد الحقوق الإنسانية الأساسية التي يكون للبشر ـ حق أصيل فيها لمجرد كونهم بشراً. فالتنمية البشرية في جوهرها، هي نزوع دائم لترقية الحال الإنسانية للبشر، جماعات وأفراداً، من أوضاع تعد غير مقبولة في سياقٍ حضاري معين إلى حالات أرقى من الوجود البشري، وهكذا فإن العصر ـ الراهن وما فيه من تطور البشرية يمكن القول أن المعرفة هي سبيل بلوغ الغايات الإنسانية الأخلاقية الأعلى: الحرية، العدالة والكرامة الإنسانية. وبناءً على كل ذلك، تزداد الحاجة إلى العمل بجدٍ على تجاوز التخلف المعرفي، والى توظيف المعرفة بفاعلية، خاصة في مجتمعات دول العالم الثالث، والتي تتردى فيها التنمية البشرية كما في البلدان

العربية، ومن ذلك فإن مخرجات التعليم ودورها في التنمية البشرية المستدامة أصبحت من أهم القضايا وأكثرها إلحاحاً باعتبارها العملية الضرورية لتحريك وصقل وصياغة وتنمية القدرات والكفاءات البشرية في جوانبها العلمية والعملية والفنية والسلوكية، فهي وسيلة تحد الإنسان بمعارف أو معلومات أو مبادئ أو فلسفات تزيد من طاقته على العمل والإنتاج، فمخرجات التعليم هي المرحلة النهائية التي تزودنا بالطرق العلمية والأساليب المتطورة والمسالك المتبادلة فهي الأداة الأمثل، كما وتعمل على إعادة وصقل القدرات العقلية والمهارات اليدوية. فهي إذن عملية ضخمة لإعادة وتشكل الإنسان على نطاق واسع وعلى نحو واسع أكثر إيجابية. (تقرير التنمية الإنسانية العربية، ٢٠٠٣)

فالتنمية البشرية تعتبر عملية تمكين الإنسان من تحقيق إنسانيته، والإنسان كما هو معروف. كائن مركب في حاجاته المرتبطة بكيانه البيولوجي. فهو منتج ومستهلك. وهو مرسل ومستقبل. يدرك بحواسه كما يتصور بخياله. وهو في هذا كله متفاعل في الظروف والموجودات البيئية التي تحيط به والتي يسعى ويتحرك على أرضها وبحارها وسمائها وبين سكانها. وبهذا الكيان المركب. وفي هذا السياق المجتمعي المتشابك، يعيش الإنسان ويتم بناؤه وتكوينه، وتتحقق آمال مختلفة من حاجاته، وتنمو مستويات متنوعة من قدراته وطاقاته وحوافزه.

وكذلك تهتم التنمية البشرية المستدامة بتحقيق مبدأ إسهام الجميع والمشاركة للأفراد في التنمية الشاملة والرنو إلى مستوى متقدم من المعرفة

والتطبيق، بالإضافة أنها تعطي أهمية خاصة للمرأة والشباب والطفولة وذوي الاحتياجات الخاصة بها كما يمكنهم من توظيف إمكاناتهم الذاتية وإشباع حاجاتهم، ومشاركتهم بفاعلية في نمو المجتمع، وتهيئة الظروف المناسبة لهم للقيام بدور إيجابي في مجتمعهم وتطوره. (الحوت، ٢٠٠٤)

وبهذا تعني التنمية البشرية المستدامة، بأنها أنشطة وتطبيقات ابعد كثيراً من التطور الاقتصادي وتوافر الدخل وارتفاع معدلاته للفرد، وأنها متعلقة بنوعية الحياة التي يعيشها الإنسان وقدرته للحصول على المصادر والخدمات واستقطاب المعرفة والمصادر. فالتنمية البشرية هي اكتساب المعرفة واستعمالها من خلال تمتع الإنسان بصحة جيدة على مدى حياة طويلة وتوافر الإمكانيات لتمكينه من تحقيق الأهداف التربوية والتي نصبو إليها من خلال التربية.

كما أنه من الصعب جداً تقدير مدى نجاح التنمية البشرية لأية مجتمع على الإطلاق، إذ أن التطور البشري لا يوجد له قياس ملحوظ مثل قياس الدخل ولا يمكن مراقبته وتطبيقه بنفس السهولة التي تقيم بها الأمور الاقتصادية على سبيل المثال. كما ويرتبط مفهوم التنمية البشرية بالتربية لما لها من الدور الأمثل في تحقيق التنمية البشرية المستدامة وذلك بتحقيق النشاطات الفردية منها والجماعية. (الخطيب، ١٩٩٧). حيث تمتلك التربية عمليات بناء الإنسان لذلك نادى رجال التخطيط الاقتصادي والتدريب وغيرهم إلى العناية بالمجال التربوي لأنه المساند والداعم الحقيقي للتنمية بعد شعورهم بأن أعمالهم تظل قاصرة وهزيلة إذا لم تقترن بالتعاون

والتنسيق مع التربية والاتفاق معها على إستراتيجية للتنمية البشرية لتحقيق عوائد تنموية لسنوات طويلة ، لذلك لم تفعل المنظمات العالمية مثل منظمة الأمم المتحدة حين جعلت التعليم حق إنساني مطلق لا نزاع عليه، لأهميته في تحقيق التنمية المستدامة للإنسان ولمجتمعه (الشراح ، ٢٠٠٢:٢٥٨)

ولتحقيق هذه التنمية فالإنسان هو محورها، والتي تركز على توفير حقوقه الإنسانية، وصيانة كرامته المستمدة من الوفاء بحاجاته في الطعام والشراب والملبس والصحة والضمان الاجتماعي وحريته في التعبير، ومن خلال المشاركة في حركة مجتمعة وعمرانه. ويقتضي ـ ذلك العمل على تنمية مختلف طاقاته البدنية والعقلية والاجتماعية والروحية والمهارية والإبداعية. وإذا كانت هذه هي أهم الحقوق الإنسانية التي ركزت عليها الأديان السماوية ومواثيق الأمم المتحدة ومعاهداتها الدولية،فإن ذلك يتطلب في الوقت ذاته مجتمعاً يتمتع بالاستقرار الذي لا يزعزعه الضعف أو الإرهاب أو الهيمنة، والذي من خلاله يؤدي إلى تفاعل وتشابك التنمية البشرية واهتمامها بالموارد المختلفة من عوامل الإنتاج والسياسات المالية والاقتصادية، ومن عوامل التنظيم السياسي، والمشاركة في اتخاذ القرار، ومن العوامل الاجتماعية المرتبطة بالتنظيم على مختلف شرائحه الاجتماعية، والمرتبطة بمصادر السلطة. أضف إلى ذلك تفاعل التنمية البشرية مع العوامل الثقافية بدءاً من القيم الحافزة للعمل والانتماء والهوية. (عمار، ١٩٩٨)

وفيما يتعلق بالجانب الإنساني ودوره في التنمية البشرية المستدامة ويتمثل ذلك بالمساواة في الفرص وعدم التمييز وعدالة التوزيع وبالتمتع بالأمن والاستقرار والسلم وسيادة القانون وبالعيش في حالة من الوئام والتماسك العائلي والاجتماعي وبالاطلاع على المعلومات والأفكار وبحرية الاختيار والتصرف وبالمشاركة في صنع القرارات وتنفيذها. إلى الاهتمام بشكل رئيسي بالسلوكيات والقواعد وبأبعاد غير مادية، كما وقد تقرر تحديد أربعة مجالات لهذا الجانب والمتمثلة بما يخص المرأة وهو المجال الأكثر وضوحاً من خلال وضع المرأة ما إذا كانت قادرة على المشاركة بنشاط في الحياة الاقتصادية والسياسية وعلى الاشتراك في عملية صنع القرار. أما المجال الثاني والمتمثل بعدالة توزيع الثروة والفقر ومعيار نسبة الدخل. أما بالمجال الثالث والذي شكل ضمن الجانب الإنساني وهو مجال الاستقرار والسلم فالكثير من المعاناة الإنسانية، وخاصة في بعض الدول النامية، مصدره الصراعات والنزاعات السياسية والعرقية والدينية وغيرها. وأخيراً المجال المتمثل بالجانب الاجتماعي وهو مجال الاطلاع على المعلومات وتوفر المعلومات وحرية الاطلاع وهي من المستلزمات الأساسية لحرية الاختيار والمشاركة الفعالة وممارسة الديمقراطية. (حموري، ٢٠٠٠)

كما أن الاتجاه الآن هو اعتبار الحريات وحقوق الإنسان والمشاركة بشكل حيوي في تقرير التنمية البشرية المستدامة. إلا أن قياس الحريات ليس بالمسألة السهلة، فهناك من يرى أن الحرية أصعب من أن تؤول إلى أرقام وجداول. ومع ذلك فإن تقرير التنمية البشرية لعام(١٩٩٢)قد

قطع خطوات لقياس الحرية السياسية. فانطلاقاً مـن تحليـل الاتفاقيـات وإبراز أهميتها، خصوصاً الإعـلان العـالمي لحقوق الإنسـان، والعهـدين الـدوليين المتعلقـين بـالحقوق السياسيـة والمدنيـة، وبـالحقوق الاقتصادية والاجتماعيـة والثقافية، أمكن تصنيف هذه الحقوق إلى خمس مجموعات.

١. سلامة الفرد الجسدية. (أو الحق في الأمن الشخصي).

٢. سيادة القانون.

٣. حرية التعبير، بما فيها حرية تكوين الجمعيات، وحرية التنقل.

٤. المشاركة السياسية.

٥. تكافؤ الفرص. (أومليل، ١٩٩٤).

وفيما يتعلق بالجانـب الثـاني للتنميـة البشريـة المسـتدامة وهو الجانـب الاجتماعي والمتمثل بمجالات التعليم والصحة والاتصالات. ويحظى هـذا الجانـب باهتمام خاص ضمن دليل التنمية البشرية ببرنامج الأمم المتحدة الإنمائي ويدخل ضمن هذا الجانب المجال الصحـي من خلال معيـار العمـر المتوقـع عند الـولادة وكذلك مجال التعليم وهو معـدل معرفة القـراءة والكتابة بـين البالغين. أمـا الجانب الاقتصادي للتنمية البشرية المسـتدامة والذي يتصل هذا الجانب بالـدور الذي يمثلـه اسـتهلاك السلـع والخـدمات، ويعـبر عنـه في دليـل التنميـة البشريـة للبرنامج الإنمائي للأمم المتحدة بمعيار واحد هو نصيب الفرد مـن النـاتج المحـلي الإجمالي الحقيقي. (باقر، ١٩٩٧)

وبهذا تبرز أهمية النمو الاقتصادي ودوره في تحسين مستوى المعيشة، بيد أنها تريد له أن يكون نمواً يوسع من خيارات الناس، أي نمو يمكن أن

يستمتعوا بثماره على شكل غذاء وخدمات صحية أفضل، وحياة أكثر أماناً ووقاية من الجريمة والضعف الجسدي، ووصول أفضل للمعرفة وساعات راحة أكثر كفاية وحريات سياسية وثقافية، وشعور بالمشاركة في نشاطات المحيط الذي يعيش الإنسان ضمنه. فهدف التنمية هنا هو خلق بيئة تمكن الإنسان من التمتع بحياة طويلة وصحية وخلاقة.

فالتنمية البشرية المستدامة منظور يتناول التنمية بطريقة تعني بكيفية توزيع ثمارها وبآثارها الاجتماعية والبيئية، بقابليتها للاستمرار والارتقاء بجهود المستفيدين منها. فالتنمية التي تتم على حساب الفئات الأكثر فقراً أو التي تعتني بشرائح اجتماعية معينة على حساب غيرها هي نقيض التنمية البشرية المستدامة. وحسب هذه الرؤيا فالأساس في التنمية البشرية المستدامة ليس الرفاهية المادية فحسب، بل الارتقاء بالمستوى الثقافي للناس بما يسمح لهم أن يعيشوا حياة أكثر أمناً واستقراراً وهكذا تصبح عملية التنمية عملية تطوير القدرات لا عملية تعظيم المنفعة أو الرفاه الاقتصادي. (برنامج الأمم المتحدة الإنمائي في الأردن، ٢٠٠٤).

وأن كلمة "مستدامة" في تعبير "التنمية البشرية المستدامة" خطأ إذا قيل أن أهدافها تنحصر في تنمية اقتصادية تنطلق من الحرص على البيئة ومصلحة الأجيال المقبلة في عدم استنزاف الموارد البيئية والطبيعية. وعلى الرغم من أن هذه الجزئية تدخل بالضرورة في تركيز مفهوم التنمية البشرية المستدامة فإن الكلمة الأهم في تعبير التنمية البشرية المستدامة هي كلمة "البشرية". فالتنمية البشرية المستدامة هي نظرية في التنمية الاقتصادية-

الاجتماعيـة لا الاقتصاديـة فحسـب، تجعـل الإنسـان منطلقهـا وغايتهـا، وتتعامل مـع الأبعـاد البشريـة الاجتماعيـة للتنميـة باعتبارهـا العنصر ـ المهمين. والمهم في هذا المنظور للتنمية أنه يوسع نطاق خيارات البشر ـ كلهـا، الاقتصاديـة منهـا والاجتماعيـة والثقافيـة والسياسيـة، وليـس فقـط الاقتصاديـة. فالتنميـة البشرية المستدامة منظور يتناول بطريقة تعنى بكيفية توزيع ثمارها، وبآثارهـا الاجتماعيـة والبيئيـة، بقابليتهـا للاستمرار والارتقـاء بجهـود المستفيدين منهـا. (برنامج الأمم المتحدة في السعودية، ٢٠٠٤).

ويعتبر مفهوم التنمية البشريـة المستدامة أهـم معطيات الإطار العام للتنمية الإنسانية، والذي اتفقت عليه الأمم بأنها الثورة الحقيقيـة، وتبعـاً لـذلك فإن الهدف الأساسي للتنمية الإنسانية هو إيجاد بيئـة تمكن النـاس مـن التمتـع بحياة طويلة وصحية وخلاقة. (الحوت، ٢٠٠٣)

كما ويمكن القول أن تاريخ الفكر التنموي هو سجل لتطور فهـم رأس المال. فقد وقع التركيز قديماً على رأس المال الطبيعي المالي، وان لم يهمل عنصر العمل، ولكن تصارع في العصور الثلاثة الأخيرة مـن القـرن المنصرم الاعتراف بأهميـة العنصر البشري في منظومة النمو والتنمية. فقامت مدرسة رأس المال البشري (Human Capital) حيث عرفها لسترثورو (Lester Thurow) "أنها المهـارات الإنتاجيـة والمواهب والمعرفـة لـدى الفـرد"، ويـرى جنلـوي (Chinloy) "أنهـا مجموع التعليـم والتـدريس الرسمي والخبرة أو كبـديل، أو المهارات الخاصـة والعامة"، في حين ذهب كل من

بيرمــان وتايمــان (Behrman & Taubman) "أنهـا مخـزون القـدرات الإنتاجيـة اقتصادياً للبشـر". (اليوشـع، ١٩٩٧: ٨-٢٢) فالاسـتثمار ضمـن هـذه المدرسة يقع في البشر أساساً وللمجتمعات على حد سـواء، علـى صـورة توجهـات اجتماعيـة ومعـارف وقـدرات، وتبلـور مفهـوم تنميـة التنميـة البشريـة (Human Resources development) الذي قام على البشـر كمـورد رئيسـي وعنصـر مـن عناصر الإنتاج، على أن ينمي ويصان مـن اجـل تحقيـق أقصـى إمكانيـة ممكنـة. وتزايـد رويـداً أهميـة العنصـر البشـري حتـى اسـتقر مفهـوم التنميـة البشريـة (Human Development) الذي فيه رفاه البشر وغاية الجهد الإنساني.

لذلك منذ مطلع التسعينات مـن القـرن المنصـرم أصبـح مصطلح التنميـة البشرية (Human Development) يتردد كثيراً في الأدبيـات وارتباطـه بمفهـوم التربية، حيث ظهرت اجتهادات ومحاولات شتى لتوصيفه، بنـاءً علـى التطـور الـذي حصـل فـي النظريـة الاقتصاديـة، والـذي جعـل الإنسـان الغايـة الأساسـية للنشـاط الاقتصادي ابتداءً، وأثبتت أن هذه الفكرة لم تحقق أي نجاحاً في أهـداف التنميـة البشرية المنشودة. ولم تستطيع أن توصل الكثير من المميزات إلى مراحـل التطـور والتحديث.لذلك يمكن أن نعرف التنمية بأنها عمليـة مميـزة تراكميـة تكامليـة تتم في إطار نسيج من الروابط بالغ التعقيد بسبب التفاعل بين العوامل الاجتماعيـة والإداريـة والسياسـية والاقتصاديـة، هـدفها ووسـيلتها الرئيسـية الإنسـان..أمـا التعريف الشامل لمفهوم التنمية البشرية المستدامة فقد عرفها برنامج الأمم

المتحدة(٢٠٠٣:٨) بأنها عملية توسيع خيارات أمام الأفراد وذلك بزيادة فرصتهم في التعليم والرعاية الصحية والدخل والعمالة (برنامج الأمم المتحدة الإنمائي، ٢٠٠٣: ٨). فقد اقتضى هذا الأمر أن يكون مفهوم التربية كنظام (المدخلات، والعمليات، والمخرجات) ومدى انسجامها لمعايير التنمية البشرية المستدامة، والتي كانت تعالج البشر بوصفه مورداً من الموارد الاقتصادية فقط.

وكذلك فإن التركيز على التنمية التي تهتم بالإنسان وتدور حول الناس ونمط حياتهم بوجه عام هي فكرة حديثة العهد نسبياً في توجهات ومنطلقات الكتابات الخاصة بالتنمية. وعليه فإن التخلف الاقتصادي والاجتماعي والثقافي الموجود بالعالم النامي يعني، بصورة أو بأخرى، بإهدار أو إهمال أو عدم الاهتمام بالعنصر البشري في حين أن التقدم الاقتصادي والاجتماعي والثقافي الذي نلاحظه في العالم الصناعي يعني اهتماماً اكبر بالعنصر البشري، والعناية بالناس مع جميع النواحي المعيشية والصحية.

وهكذا تصبح التنمية البشرية المستدامة ذات جناحين، هدفاً ووسيلة، حقاً وواجباً، جهداً وإشباعاً، إنتاجاً واستهلاكاً، وفاقاً وتنوعاً، تمتد إلى الإنسان طفلاً وراشداً وكهلاً، ورجل وامرأة وإلى المجتمع، دولة وقطاعاً خاصاً، حاضراً ومستقبلاً.

أما على مستوى الأردن فلقد قطع شوطاً واسعاً في التنمية البشرية، خصوصاً في مجالات التعليم والصحة حيث يعد الأردن من خيرة الدول النامية، إلا أن بعض الإنجازات اتصفت بالكمية. وبالتالي فإن نتاج جهد

التنمية من حيث التحسين المستمر لدخل الأفراد ومستوى معيشتهم وخلق فرص العمل وتقليص التفاوت داخل المجتمع الواحد لم يرقى إلى مستوى الطموحات. وان الدخل الوطني قد تراجع في السنوات الأخيرة وتقليص دخل الأفراد. وبالتالي لا يزال الأردن يخضع في النصف الثاني من دول العالم حسب قائمة معامل التنمية البشرية للأمم المتحدة. إلا أنه عند تقييم هذا الإنجاز بخلفية محدودية الثروات الطبيعية والتزايد السكاني الكبير جداً الذي تعرض له الأردن نتيجة عوامل بعضها خارج عن إرادته، فإن تقييم هذا الإنجاز يأخذ شكلاً أفضل.

فالتنمية البشرية في الأردن يجب أن تتجه للتحقيقات وللإنجازات النوعية، خصوصاً في مجال التعليم مع ربطه باحتياجات التنمية، وذلك لغايات التغلب على الاختلالات الهيكلية والسلوكية المتسببة حالياً في النسب العالية من البطالة خصوصاً بين المتعلمين، وغير ذلك من الظواهر والممارسات التي تعوق الاستثمار والتنمية البشرية. إن الثقافة وتنمية المهارات وقدرات المبادرة والابتكار والإبداع هي أساس التنمية البشرية المستدامة وتقدم الأمم. وهي خصائص لم يرتقي فيها الأداء الأردني حتى الآن إلى مستوى الطموحات. (الخطيب، ١٩٩٣)

وفي الأردن الآن، كما في كثير من الدول العربية، قاعدة إحصائية وتحليلية معقولة تستطيع أن تقيم الإنجاز السنوي في مجال التنمية البشرية ومقارنته عربياً وعالمياً. فتقييم هذا الإنجاز يستحسن أن يخرج عن النطاق الضيق الحالي (التعليم والصحة والدخل) ليدخل عامل الثقافة والتفاوت

داخل المجتمع الواحد، وتفعيل جهد التنمية على المستوى الأردني يتطلب إنشاء شبكة معلوماتية عربية تقوم بتبادل الإحصاءات والمعلومات عن التنمية البشرية في العالم العربي. (Khatib, ١٩٩٠)

لذلك يأتي أهمية هذا الموضوع من خلال توضيح وبيان مواءمة مخرجات التعليم لمعايير التنمية البشرية من حيث كونها المفهوم الجديد الذي يجعل أفراد المجتمع محور التنمية وهدفها الأول والأساس، فهي تهتم بتطويرهم من خلال النظر إليهم واعتبارهم مورداً اقتصادياً مهماً تعزى إليه النسبة الكبيرة من النمو الشامل والمستدام. بالإضافة إلى إبراز أهمية التنمية البشرية من حيث كونها المفهوم الجديد الذي يجعل أفراد المجتمع محور التنمية وهدفها الأول والأساس تحقيق النمو الشامل والعمل على تحسين أحوالهم ورفع مستوى معيشتهم.

* أهمية التنمية البشرية:

برزت أهمية التنمية البشرية عندما أولت الأمم المتحدة اهتماماً خاصاً منذ عام ١٩٩٠م عندما أصدرت التقرير الأول للتنمية البشرية، وطبقاً لما ورد في تقارير التنمية البشرية الصادرة عن البرنامج الإنمائي للأمم المتحدة فإن التنمية البشرية المستدامة تعني عملية توسيع اختيارات أمام الأفراد وذلك بزيادة فرصتهم في التعليم والصحة والدخل والعمالة وحرية.

كما تتضح أهمية هذه الموضوع بجلاء التوجهات والمنطلقات التي تشتق من مفهوم التنمية البشرية المستدامة من حيث استهدافه مبدأ الاعتماد على

الذات وتنويع مصادر الدخل الوطني وتنفيذ خطط التنمية والتحول، ورفع مستوى معيشة المواطنين وإزالة مظاهر العوز والفقر والحرمان والقضاء على الفقر، وضمان العدالة في توزيع الدخل، وكذلك الاهتمام بتنمية الموارد البشرية من خلال تكوين وتنمية القدرات والكفاءات والمهارات العلمية والمعرفية وتوسيع النطاق الفني والمهني، والتأكيد على تنمية وتطوير رأس المال الثقافي والعلمي.

ومع الاقتناع بأهمية هذا المفهوم، فإن الحوار ما يزال قائماً حول بلورة أبعاده ومكوناته وأساليب قياسه، فضلاً عن تداعياته ومتطلباته الإجرائية في التخطيط والتنفيذ والمتابعة والتقويم، سواء أكان ذلك على المستوى المحلي، أم الإقليمي، أو الدولي.

وإذا كان الجانب الاقتصادي مهم لتحقيق دخل أفضل في مجال التنمية البشرية وهذا شي ضروري وأكيد، ولكن يجب أن لا ننسى ـ أن العملية التعليمية ومخرجات التعليم لتحقيق التنمية البشرية المستدامة شرط ضروري لكل تنمية تريد أن تكون شاملة وإنسانية ومستدامة.وبها تتضح أهمية الموضوع أيضا في التركيز على العنصر البشري مع الآخذ بالمعايير الرئيسة لتحقيق التنمية البشرية المستدامة، وهي معيار التعليم والثقافة ومعيار الصحة ومعيار الدخل، مع الإشارة بأهمية ربط مخرجات التعليم مع ما ترنو إليه التنمية البشرية المستدامة ، وهكذا يتجاوز مفهوم التنمية البشرية المستدامة مجرد الإنسان المورد فقط.

ويساعد هذا الموضوع بتوجيه الفكر الإنمائي وتحديد مقاصده، فانه يلتقي مع كثير من المفاهيم التي ترددت حول معناها الشامل، وحول مقولة أن الإنسان هدف التنمية وانه صانعها في الوقت ذاته، وان العمران من اجل الإنسان، وان التنمية للبشرية وبالبشر. وقد يرى البعض أنه يترادف مع رفع مستوى المعيشة، وتحسين نوعية الحياة، والتقدم الاجتماعي والحضاري. وإشباع الحاجات الأساسية، والقضاء على الفقر، وغير ذلك من تحديد الأهداف المجتمع في جهوده الاقتصادية والاجتماعية. بيد أن معظم تلك المفاهيم والمصطلحات السابقة يتسم بالعمومية والصياغات اللفظية المجردة، كما أن بعضها يمس مجالاً محدداً من مجالات التنمية البشرية.

كذلك إعطاء صورة توضيحية لذووا الاختصاص والقائمين على عملية التنمية البشرية بكافة مجالاتها ومستوياتها عن أهمية التعليم كأحد المعايير التنمية البشرية المستدامة ، والى إعطاء صورة عن واقع الخريجين والعاطلين عن العمل لوزارة العمل وكذلك إيضاح ما يتطلب فعله عن زيادة الرعاية الصحية للأفراد من قبل وزارة الصحة . بالإضافة إلى الإرشاد والتوجيه من خلال معرفة مدى مواءمة مخرجات التعليم في الأردن لمعايير التنمية البشرية المستدامة والواردة ضمن برنامج الأمم المتحدة الإنمائي.

ومن خلال ما سبق تبرز أهمية مخرجات التعلم ومدى مواءمتها لمعايير التنمية البشرية المستدامة باعتبارها هي الأنشطة والإنجازات والتي تتجاوز إلى حد بعيد التنمية الشاملة والمستدامة، والتي تتصل بنوعية الحياة التي يعيشها الإنسان وقدرته على اكتساب المعرفة للوصول إلى أهدافها الاجتماعية

والاقتصادية والثقافية والسياسية ومقدرتها على مواجهة تحديات المستقبل. (الخطيب، ١٩٩٦). والسؤال الذي يطرح نفسه بإلحاح إلى أين سوف يودي استمرار ذلك المسار بإهمال الجانب البشري في مجتمعاتنا وشعوبنا في المستقبل ؟

* مفهوم التنمية البشرية المستدامة:

شهدت البدايات الأولى لصياغة الأفكار والنظريات الاقتصادية تركيزاً كبيراً على أهمية رأس المال المادي في النشاط الاقتصادي، وأيضاً الاهتمام على الثروة المادية بدلاً من الإنسان وتعظيم الدخل بدلاً من توسيع الفرص أمام الناس. (الجابري، والإمام، ١٩٩٦). ولكن مع تطور النظرية الاقتصادية تبين أن تعظيم الناتج القومي ليس إلا هدفاً من أهداف السياسة الاقتصادية، وأن هناك أهدافاً أخرى مثل تحقيق معدلات البطالة، وتحسين التعليم وزيادة المعرفة، والسعي إلى تحقيق مستوى صحي أفضل، وما يتعلق بالنمو السكاني، والتحسينات البيئية، تعد مساوية أو ربما أكثر أهمية من تعظيم أي ناتج قومي هكذا بدأ النظر إلى الإنسان بوصفه مورداً هاماً من الموارد الاقتصادية، وأن تراكم رأس المال البشري يعتبر القوة المحركة للنمو الاقتصادي، فلا بد من تحسينه والاستثمار به من خلال الصحة والتعليم وتحسين المهارات، وذلك بهدف زيادة إنتاجية، وبالتالي تحقيق النمو الشامل (Frederick, ١٩٧٣) ثم بعد ذلك تطور الفكر التنموي حيث أعاد الإنسان إلى وضعه الصحيح في بؤرة الجهود التي تسعى إلى النهوض بوسائل تحقيق العملية التنموية، بعد فشل المناهج الاقتصادية السابقة في مواصلة ما تكون قد حققته من نجاحات. (الجابري، ١٩٩٦، ص١٠٥)

فمنذ مطلع التسعينات من القرن المنصرم أصبح مصطلح التنمية البشرية (Human Development) يتردد كثيراً في الأدبيات، وظهرت اجتهادات ومحاولات شتى لتوضيحه، بناءاً على التطور الذي حصل في النظرية الاقتصادية، والذي جعل الإنسان الغاية الأساسية للنشاط الاقتصادي ابتداءً وانتهاءً. (Streeten, ١٩٩٤: p.٢٣٢).

يتعلق مفهوم التنمية البشرية المستدامة بالجوانب المختلفة لحياة الإنسان، المادية منها والمعنوية، وإذا كانت هذه الجوانب مشتركة بين جميع البشر فإنها متفاوتة في جزيئاتها ومكوناتها، وذلك لاختلاف مستوى الحاجة إليها، ومن هنا فإن هذا المفهوم متفاوت ومتغير بتفاوت وتغير الزمان والمكان، إذ لا يعرف هذا المفهوم للثبات طريقاً. ولقد شهد هذا المفهوم ولا سيما في العقود القليلة الماضية تطوراً ملحوظاً في معناه ومكوناته وإطاره، مما يمكننا وصف هذا التطور بالانقلاب الكبير، وجاء هذا التطور أو قل الانقلاب في مفهوم التنمية البشرية المستدامة (Sustainable Human Development) استجابة للتطور الاقتصادي والاجتماعي الذي شهده العالم أجمع، ومع هذا المفهوم يتفاوت مرة أخرى من حيث مستواه ومحتواه وشكله ومعناه مع تفاوت وتطور المجتمعات في الدول المختلفة.

ونظرا لارتباط مفهوم التنمية البشرية بحياة الإنسان وتطورها، فإن أول واهم المفردات التي ظل المفهوم يعني بها، تتألف من قسمين رئيسيين يتعلق الأول، بتوفير الخدمات الصحية والتعليمية، والثقافية، والرعاية الاجتماعية، وذلك بغية زيادة الخدمات المقدمة للإنسان ومستواه التعليمي، أما الثاني،

فيتعلـق بتحسـين الأحـوال الاقتصـادية باعتبارهـا مفتـاح التنميـة البشـرية المستدامة. ولكي تصبح التنمية البشـرية عمليـة مستدامة ومستمرة، وليس حـدثا عابرا يمكث فترة زمنية محددة، فإن الأمر يحتاج إلى توفر شرطين مهمين والتي أشار لهما (خيري،١٩٩٣) وهما:

١-   اعتماد التنمية البشرية على تنمية الموارد والإمكانات المتاحة.

٢-   التوازن والصراحة في حدوثها وتطورها.

فالنقاش الذي يدور حول البعد البشري للتنمية ما هو إلا مرحلة أخرى مـن المراحل التي بدأت في منتصف الستينات في محاولة لتوسيع مجـال عمليـة التنميـة الشاملة، حتى ظهر مفهوم التنمية البشرية المستدامة والمتداول حاليـاً والذي يغطي الأبعـاد المتعـددة لعمليـة التنميـة. ومـع ظهـور هـذا المصـطلح للتنميـة البشـرية المستدامة تحول فكر التنمية من الاهتمام بالاستثمار الرأسمالي وإنتاج السـلع إلى الاهتمام برفع قدرات البشر وما يمكن أن تولده هذه القدرات. وبـالرغم مـن رفع قدرات البشر وتحسين إنتاجية العمال يتضمن مجـالات الصـحة والتغذيـة، إلا أنـه يركز أساساً على مجال التعليم وخاصة في مجال البحوث النظرية والتجريبية.

والواقع أن التأكيد الحالي على إسهام التعليم أو الاستثمار في العنصر البشري في دفع عجلة النمو الاقتصادي لم يكن جديداً كليـاً. بـل أن هنـاك دراسـات كثيرة ومتنوعة بعضها يرجع إلى أيام آدم سميث تؤكد على أهمية التعليم في دفع عجلـة النمو الاقتصادي. (عبد الدايم، ١٩٨٨).

وبمعنى آخر، فإن التنمية البشرية معنية بجانبين متكاملين الأول منها ما يشمل تشكيل القدرات البشرية: مثل تحسين مستوى الصحة والمعرفة، والثاني هو الانتفاع بهذه القدرات المكتسبة في مجالات العمل كما في المجالات المتعلقة بنظم القيم، واتخاذ القرارات والتمتع بأوقات الفراغ، والمشاركة في الشؤون الثقافية والاجتماعية والسياسية. (برنامج الأمم المتحدة الإنمائي، ١٩٩٠). فتنمية البشر تتطلب من كل مجتمع أن يستثمر في التعليم والصحة والتغذية والمستوى الاجتماعي للناس مما سيكون له دور متزايد الأهمية في تحقيق النجاح الاقتصادي. وكذلك يتعين أن يشترك الناس مشاركة كاملة في تخطيط وتنفيذ إستراتيجيتها من خلال الهياكل الملائمة لاتخاذ القرارات. ويتعين أن توفر هذه الاستراتيجيات فرصاً كاملة نحو الدخل حتى يمكن تحقيق الاستفادة الملائمة من القدرات البشرية. وبهذا الفهم يمكن أن تساعد التنمية على زيادة الخيارات أمام كل فرد من أفراد المجتمع دون أن تحد من الخيارات المتاحة أمام الآخرين. كما لا ينبغي أن يكون تحسين الأحوال المعيشية للجيل الحالي على حساب الخيارات التي ينبغي أن تكون التنمية. وتنمية المجتمع عملية تعبئة وتنظيم جهود أفراد المجتمع وجماعاتها، وتوجيهها للعمل المشترك مع الهيئات الحكومية بأساليب ديمقراطية لحل مشاكل المجتمع ورفع مستوى أبنائه اجتماعياً واقتصادياً وثقافياً ومقابلة احتياجاتهم بالانتفاع الكامل بكافة الموارد الطبيعية والبشرية والمالية المتاحة (بدوي، ١٩٨٠).

لذلك يعد مفهوم التنمية البشرية من أهم المفاهيم العالمية في القرن الحادي والعشرين حيث أطلق على النظم الاقتصادية والسياسية بـ(عملية

التنمية)، حيث برز مفهوم التنمية في تعدد أبعاده ومستوياته مع العديد من المفاهيم الأخرى مثل التخطيط والإنتاج والتقدم.

فالتنمية لغة: من نما ينمو وينمي، ونموه إليه الحديث فأنا أنموه وأنميه، ونميت الشيء على الشيء: رفعته، ونقول: نميت الحديث إلى فلان نمياً إذا أسندته ورفعته ونمّيت النار تنمية إذا ألقيت عليها حطباً. والنامي هو الناجي (الجواهري، ١٩٥٦: ٢٥١٥-٢٥١٦)، ونمّى تنمية: الشيء جعله نامياً ونمى النار: رفعها وأشبع وقودا، ونمّى إليه الحديث: رفعه إليه وأسنده. (مسعود،١٩٧٨،ص١٥٣٢). والنامي: الناجي، ونقول أنمى إنماء الشيء: زاده، فأنمى هو أي زاد. (البستاني، ١٩٥٢، ص٨٣٩).

فمفهوم التنمية البشرية كما يرى بول سترتين (Streeten,١٩٩٤) يتضمن تحسين الظروف البشرية وتوسيع خيارات الناس والنظر إلى الكائنات البشرية كغايات بحد ذاتها، ووسائل إنتاج أيضاً، أما محجوب إسحاق (١٩٩٤: ٢٢) فيصف التنمية البشرية بأنها زيادة فرص الاختيار، وما الدخل إلا واحداً من هذه الفرص وليس كل ما تنطوي عليه الحياة الإنسانية، فهو يعني تنمية الناس من اجل الناس ومن الناس أنفسهم. في حين عرفها آخر بأن التنمية تقوم على أساس الاستخدام الأفضل للموارد المتاحة في الدولة بشكل عادل يضمن استمرارية النمو، ومن مظاهرها المهمة العناية بالأمن الغذائي، وتعميم خدمات الصحة والتعليم الأساسية في مناطق الدولة المختلفة وتوفير فرص العمل للمجتمع. (عثمان، ١٩٩٤: ٢٢٣).

وعرف مكتب العمل العربي (١٩٩٧: ١٩٩) أن مفهوم التنمية أصبح يتضمن التركيز على أنماط التفكير والسلوك ونوعية التعليم والتدريب ونوعية مشاركة الجماهير في اتخاذ القرار والعلاقات الاجتماعية والعادات والتقاليد، وثقافة الشعوب وطرق أساليب العمل والإنتاج، أي تعبئة الناس بهدف زيادة قدرتهم على التحكم في مصائرهم وقدرتهم.

كما وقد عرفت التنمية من قبل المجلس الاقتصادي والاجتماعي في هيئة الأمم المتحدة بأنها "تنمية المجتمع من الإجراءات الشاملة التي تستخدم لرفع مستوى المعيشة وتركيز اهتمامها أساساً على المناطق الريفية" في حيث عرفت هيئة الأمم المتحدة (١٩٥٥م) التنمية بأنها: "العملية المرسومة لتقدم المجتمع جميعه اجتماعياً واقتصادياً، وتعتمد بقدر الإمكان على مبادرة المجتمع المحلي وإشراكه" يقوم هذا التعريف على مبدأين أساسيين، هما:

١. ضرورة اشتراك أفراد المجتمع المحلي في العمل على تحسين ظروفهم وأحوالهم وظروف معيشتهم.

٢. ضرورة توفير ما يلزم من الخدمات الأساسية مثل الخدمات والمساعدات الفنية الحكومية بطريقة تثير المجتمع المحلي لتقديم المبادرة والمساعدات الذاتية، وبهذا صارت تنمية المجتمع جهوداً مشتركة بين جميع العاملين في المجتمع في مختلف الاختصاصات.

أما التعريف الحديث لبرنامج الأمم المتحدة الإنمائي، وحسب برنامج الأمم المتحدة الإنمائي يتسع مفهوم التنمية لأبعاد ثلاثة هي:

١. تكوين القدرات البشرية، مثل: تحسين الصحة وتطوير المعرفة والمهارات.
٢. استخدام البشر لهذه القدرات في الاستمتاع، أو الإنتاج - سلفاً وخدمات أو المساهمة الفاعلة في النشاطات الثقافية والاجتماعية والسياسية.
٣. مستوى الرفاه البشري المحقق(برنامج الأمم المتحدة الإنمائي، ٢٠٠٤).

أما مفهوم التنمية البشرية فهي "عملية تمكين الإنسان من تحقيق إنسانيته. والإنسان كائن مركب في حاجاته المرتبطة بكيانه البيولوجي، وفي حاجاته المعنوية النابعة من ماضيه في حاضره وتطلعاً لمستقبله" (عمار، ١٩٨٧: ١٠٨)

فالتنمية البشرية تعني محو الأمية، ورفع مستوى التعليم، ورفع المستوى الصحي الوقائي، وخفض عدد الوفيات الرضع والأطفال، ورفع المستوى الغذائي، ورفع مستوى المشاركة الاجتماعية. أو فاعلية الناس لرفع قدراتهم على زيادة دخلهم ورفع مستوى معيشتهم من خلال رفع مستواهم العلمي وتطويرهم معرفياً وفنياً وصحياً. وكذلك أشار صالح (١٩٩٢) إلى أن الإنسان عنصر أساسي من عناصر التنمية البشرية إذ أنه يعد أغلاء رأسمال يمكن الاستفادة منه في عملية التنمية. فالتنمية البشرية في الإسلام تعني تنمية الإنسان أخلاقياً وفكرياً وحضارياً، وهذا المفهوم يشمل مايلي: -

- السكان وخصائصهم الديمغرافية وتوزيعهم وتركيبهم النوعي والنوعي والعُمري والمهني والاجتماعي والتعليمي.
- تحقيق المستويات المعيشية الأفضل للمواطنين كافة.

- تطبيق العدالة الاجتماعية من حيث الفرص ومن حيث وضع الرجـل المناسب في المكان المناسب، ومن حيث توفير مسـتلزمات الحيـاة الضرورية للمـواطنين كافة.

- توفير فرص العمل لكل القادرين علية من أجل تقليص نسبة البطالة وتخفيض مؤشر الإعالة، وإزالة الفقر، وتجنباً لتعطيل الطاقات البشرية.

- الأنفاق على التعليم والتثقيف ومجانية التعليم، وتشـجيع البحـث العلمـي إذ أن التعليم والتدريب الوظيفي يؤدى إلى تحسين نوعية القوة العاملـة وزيادة إمكانية التقدم الفني، واستخدام وسـائل حديثـة في الإنتـاج ، ويـنعكس ذلك بصورة إيجابية على زيادة مردود المشروعات الاقتصادية التي يـديرها العمال والخبراء والمديرون.

- التوسع في إلغاء محو الأمية على النطاق العام، وتـوفير التعلـيم اللازم بحيـث يكون متاح للجميع.

- توجيه القوى العاملة نحو الجهود الإنتاجية المفيدة والنافعة للفرد والمجتمع.

- تهيئة البيئة الصحية من خلال مكافحة الأمراض ورفع المستوى الصحي. أي أن مفهوم التنمية البشرية من الوجه الإسلامية هـو استخدام وسـائل وأسـاليب مناسبة لتحسين جوانب التنميـة المختلفـة لأجـل زيادتها نفعياً، كمـا ونوعاً، لتحقيق أهداف المجتمع النهائية.

في حين عرف برنامج الأمم المتحدة الإنمـائي (١٩٩٥: ١١) أن التنميـة البشريـة هي "عملية توسيع لخيارات الناس، ومـن حيـث المبـدأ، هـذه الخيـارات يمكن أن تكون مطلقة ويمكن أن تتغير بمرور الوقت. ولكن الخيارات

الأساسية الثلاثة، على جميع مستويات التنمية البشرية، هي أن يعيش الناس حياة مديدة وصحية، وأن يكتسبوا معرفة، وأن يحصلوا على الموارد اللازمة لمستوى معيشة لائق. والتنمية البشرية لا تنتهي عند ذلك. فالخيارات الإضافية تتراوح من الحرية السياسية والاقتصادية والاجتماعية إلى التمتع بفرص الخلق والإنتاج والتمتع بالاحترام الذاتي الشخصي وبحقوق الإنسان المكفولة.

وقد ظهرت مؤخراً مفاهيم أوسع للتنمية البشرية، وفي مقدمتها مفهوم التنمية البشرية المستدامة وهي المفهوم "الذي يجمع ما بين حاضر التنمية البشرية ومستقبلها فيهتم بالبيئة والسكان والطاقة والتكنولوجيا وجوانب أخرى ليس ضمن وضعها في الوقت الحاضر فقط وإنما ضمن منظور طويل الأجل" (United Nations, ١٩٩٦).

والتنمية المستدامة مأخوذة من (Sustainable) وتعني القابل للاستمرار أو الديمومة كما يعني القابل للتحمل، وبالتالي القابل للاستمرار وتقارير لبرنامج الأمم المتحدة للتنمية المتعلقة بالتنمية البشرية تستعمل في ترجمتها إلى اللغة العربية يعتبر "التنمية المستدامة". ويمكن أيضاً، في اللغة العربية أن نلجأ إلى كلمة "الدعم" للتعبير عن معاني المفهوم فالتنمية المستدامة هي التي تجد في ذاتها ما يدعم استمرارها فتكون بالتالي "تنمية متداعمة" ومن هذا المنظور هناك تشابه مع مفهوم التنمية بالاعتماد على النفس أو التنمية المركزة ذاتياً، والجدير بالذكر أن كلمة "الديمومة" أو الاستمرارية المعنية في

مفهوم التنمية تشير إلى الامتداد والروابط بين الأجيال، أي أنها تعني أن الجيل الحالي يجب أن يترك للأجيال القادمة مخزوناً كافياً من الموارد الطبيعية ونظاماً بيئياً غير مصاب بالتلوث، وكذلك مستوى كافياً من العلوم والتكنولوجيا، بحيث تتمكن هذه الأجيال من الاستمرار في التنمية والاستفادة من فوائدها المختلفة (فرح، ١٩٩٧).

أما تعريف برنامج الأمم المتحدة الإنمائي (٢٠٠٣) للتنمية البشرية المستدامة أن "البشر هم الثروة الحقيقية للأمم وهي عملية توسيع خيارات البشر" وبهذا تقوم التنمية البشرية المستدامة حسب هذا التعريف على محورين أساسيين.

الأول: بناء القدرات البشرية الممكنة من التوصل إلى مستوى رفاه إنساني راق، وعلى رأسها العيش حياة طويلة وصحية، واكتساب المعرفة، والتمتع بالحرية لجميع البشر دون تمييز.

والثاني: التوظيف الكفء للقدرات البشرية في جميع مجالات النشاط الإنساني: الإنتاج ومنظمات المجتمع المدني والسياسة.

وقد جاء هذا التطور في مفهوم التنمية البشرية المستدامة تنمية التطور في الأحوال الاقتصادية والاجتماعية أولاً مما أدى إلى حصول إشباع كلي أو جزئي لدى غالبية السكان، وانتشار المطالبة بإشباع الحاجات المعنوية والروحية ثابتاً إذ غدت شرطاً أساسياً لحدوث التنمية البشرية المستدامة، فالتنمية البشرية المستدامة وإضافة إلى حاجتها إلى شرطين مهمين وهما تطوير

الموارد والإمكانات المحلية، والعدالـة في توزيـع مقومـات التنميـة ونتائجهـا، فإنها تحتاج إلى توفير المرتكزات التالية:

− توفير الدخل الكافي لتغطية الاحتياجات المادية والمعنوية.

− توفير مستوى معين من المشاعر المعنوية والروحية.

− توفير رغبة حقيقية لتحقيق التنمية البشرية لدى غالبية أفراد وفئات المجتمع.

− تـوفير إرادة سياسـية تـؤمن بمـنهج التغيـير لتحقيـق التنميـة البشـرية المستدامة.

− توفير إدارة كفؤة. (المسافر، ٢٠٠٣).

* عناصر التنمية البشرية المستدامة:

تقوم منهجية التنمية البشرية حسب تقرير التنمية البشـرية العالمي لعـام ١٩٩٥م، على أربعة عناصر:

أولاً:   الإنتاجية، أو مقدرة البشر على القيام بنشاطات منتجة وخلاقة.

ثانياً: المساواة، أو تساوي الفرص المتاحة أمام كـل أفـراد المجتمـع دون أي عوائـق التي تتميز بغض النظر عن العرق أو الجنس أو مستوى الدخل أو الأصل أو غيره.

ثالثاً: الاستدامة، أو عدم إلحاق الضـرر بالأجيـال القادمـة سـواء بسبب استنزاف الموارد الطبيعية وتلويث البيئة أو بسبب الديون العامة التي تحمل عبئها الأجيال اللاحقة أو بسبب عدم الاكتراث بتنمية المـوارد البشـرية ممـا يخلـق ظروفاً صعبة في المستقبل نتيجة خيارات الحاضر.

رابعاً: التمكين، فالتنمية تتم بالناس وليس فقط من أجلهم. ولذلك عليهم أن يشاركوا بشكل تام في القرارات والإجراءات التي تشكل حياتهم. وتبرز هنا بشكل خاص أهمية منظمات المجتمع المدني وإمكانية المحاسبة وتعديل المسار عند الضرورة. فالناس في التنمية ليسوا مجرد متلق سلبي بل عامل فاعل في تشكيلها. (برنامج الأمم المتحدة الإنمائي في الأردن، ٢٠٠٤).

لذلك فالخطوط العريضة للتنمية البشرية كما يلي:

١. الاهتمام الكثير بالتنمية البشرية المستدامة.
٢. أنها تهدف لتعظيم الخيارات البشرية وليس فقط الدخل.
٣. أنها تعنى ببناء المقدرة البشرية (بالاستثمار في البشر) وباستخدام هذه المقدرة بشكل كامل (بتوسيع إطار النمو والتوظيف).
٤. أنها تنبع من العناصر الأربعة المذكورة أعلاه.
٥. أنها تعتبر النمو الاقتصادي جوهرياً ولكنها تؤكد على ضرورة الانتباه لنوعيته وتوزيع السكان ولصلته بحياة البشر ولاستدامته على المدى الطويل.
٦. أنها تضع أهداف التنمية وتحلل الخيارات المعقولة لتحقيقها (برنامج الأمم المتحدة الإنمائي في السعودية، ٢٠٠٤).

وقد اعتنى منظرو التنمية البشرية بربطها بالنمو الاقتصادي، فأكدوا على الاستثمار في رأس المال البشري، وعلى إعادة توزيع الدخل والثروة بين فئات المجتمع ، وعلى إعطاء النفقات الاجتماعية حقها من الاهتمام باعتبارها

الأساس المادي للتنمية البشرية وعلى تعزيز الفرص في المجالات الاقتصادية والسياسية والاجتماعية، خاصة بالنسبة للمجموعات المحرومة من السكان مثل المرأة. (برنامج الأمم المتحدة الإنمائي في السعودية، ٢٠٠٤).

وحسب هذه الرؤية فإن هدف التنمية ليس مجرد زيادة الإنتاج، بل تمكين الناس من توسيع نطاق خياراتهم ليفعلوا المزيد من الأشياء وليعيشوا حياة أكثر متعة وأفضل وليتجنب الأمراض القابلة للعلاج وليملكوا المفاتيح لمخزون العالم من المعرفة وإلى ما هنالك. وهكذا تصبح عملية التنمية عملية تطوير القدرات لا عملية تعظيم المنفعة أو الرفاه الاقتصادي كما ينظر إليها اليوم. فالأساس في التنمية البشرية المستدامة ليس الرفاهية المادية فحسب. بل الارتفاع بالمستوى الثقافي للناس بما يسمح لهم أن يعيشوا حياة أكثر امتلاءً وأن يمارسوا مواهبهم ويرتقوا بقدراتهم. ويتضح هنا مثلاً أن التعليم والثقافة يحققان فوائد معنوية واجتماعية، تتجاوز بكثير فوائدهما الإنتاجية، من احترام الذات إلى القدرة على التواصل مع الآخرين إلى الارتقاء بالذوق الاستهلاكي. (برنامج الأمم المتحدة الإنمائي في الأردن، ٢٠٠٤).

ويلاحظ في هذا المنظور الجديد للتنمية، منظور المقدرة البشرية، أنه يربط ما بين القدرات من جهة والخيارات من جهة أخرى، وما بين هذين المفهومين من جهة ومفهوم الحرية من جهة أخرى، سواء تعلق الأمر بالحرية بمعناها السلبي (الحرية من الفقر مثلاً) أو الحرية بمعناها الإيجابي (كحرية المرء في اختيار نوع الحياة التي يرغب عيشها بأكبر درجة ممكنة). فالمضمون الحقيقي

للتنمية هو الحرية. مثلاً، من المهم أن يملك المرء المقدرة على الحصول على غذاء مناسب. (برنامج الأمم المتحدة الإنمائي في الأردن، ٢٠٠٤).

* تصنيف مؤشرات التنمية البشرية المستدامة وأنواعها:

حين نتحدث عن مؤشرات التنمية البشرية إنما نتحدث في الوقت نفسه عن مؤشرات الحاجة الإنسانية أو مؤشرات التنمية الاجتماعية كما يطلق عليها أحياناً. والمؤشرات عموماً هي دلالات على أمور أو أحوال معينة. كما يمكن اعتبار العديد من الملاحظات أو التعليقات على حالات فردية أو اجتماعية مؤشراً للدلالة على ظواهر معينة. وبهذا تكون بطبيعتها مؤشرات كيفية تعبر عن اتجاه ملحوظ يدركه المرء بالمشاهدة والمتابعة لمسألة من المسائل التي تسترعي انتباهه من خلال المعايشة والمراقبة لها.

كما أن المؤشر ليس بديلاً عن الواقع أو الظاهرة أو النظام نفسه الذي يؤثر عليه، فالمؤشرات ودلالاتها الإحصائية لا تستوي بذاتها وليس لها دولة مستقلة عن الإطار المفاهيمي الذي انطلقت منه والذي تمثله أو تنوب عنه.

ولما كانت المؤشرات هي العناصر الأساسية التي ستركب منها أدلة الجوانب والدليل الشامل فإنه ينبغي وضع معايير لاختيارها بها ضمن حد أدنى من حسن التمثيل ودقته ومن الاتساق والتكامل بين المؤشرات المختارة. وأهم هذه المؤشرات كما أوردها باقر (١٩٩٧) ما يلي:

١. أن يكون المؤشر واضحاً بسيطاً.

٢. أن يكـون المـؤشر كمياً ويفضـل أن يكـون إما بشـكل نسـب خاليـة مـن الوحدات القياسية.
٣. أن تتوفر بيانات حديثة نسبياً تسـمح باسـتخلاص القـيم الدقيقـة والقابلـة للمقارنة لعدد كاف من الدول.
٤. أن يعبر المؤشر بدقة مقبولة عـن مجال أو جانـب التنميـة البشريـة الـذي يمثله ولا يكـون متـأثراً بعوامـل معينـة في بعـض الـدول بحيـث يصير مـن الصعب إجراء المقارنة السليمة بين الدول.
٥. يفضل أن تكون علاقة المؤشر بمجال التنمية البشرية الـذي يمثلـه ضروريـة، أي قيمته تزيد كلما كان وضع التنمية البشرية أفضل.
٦. أن يكـون المـؤشر حساسـاً وقيمتـه تتناسـب مـع مسـتوى مجـال التنميـة البشرية الذي يمثله.
٧. الابتعاد قدر الإمكـان عـن المـؤشرات التـي تعـبر عـن مـدخلات تسـاهم في التنمية البشرية والاستعانة عنها بمؤشرات تعبر عن الواقع الفعـلي للتنميـة البشريـة ففـي المجال الصحـي عـلى سـبيل المثـال، ينبغـي الابتعـاد عـن المؤشرات التي تعـبر عـن حجـم الإمكانـات والتسـهيلات الصحيـة المتاحـة، تعدد الأطباء والأسرة ومقدار الإنفاق على الصحة، والاستعاضـة عنهـا قـدر الإمكان بمـؤشرات تعـبر عـن الحالـة الصحيـة العقليـة كمـؤشرات الوفيـات ونقص الوزن لدى الأطفال ومؤشرات الإصابة بالأمراض. فالفائدة المتحققـة من المدخلات الموجهة نحو

المجال الصحي تعتمد إلى حد كبير على مدى كفاءة استخدام تلك المدخلات والفئات المستفيدة منها.

٨. أن لا تكون للمؤشر قيماً متطرفة مقارنة بقيم المؤشرات الأخرى بحيث تحصل إشكالات عند استخدامه. فالمؤشرات ذات القيم المطلقة الكبيرة مقارنة ببقية المؤشرات قد تصبح مؤشرات مهيمنة عند تطبيق الدول إلى مجموعات.

٩. الموازنة بين الناحية النوعية والناحية الكمية عند اختيار المؤشرات، فبالنظر لصعوبة إيجاد مؤشرات تعبر عن الناحية النوعية هنالك ميل للتركيز على المؤشرات التي تعبر عن الناحية الكمية.

١٠. الموازنة بين مجالات وجوانب التنمية البشرية عند تحديد المؤشرات التي يحسب منها الدليل متعدد المؤشرات الممثلة لمجال أو جانب معين يجب أن يتناسب مع أهمية ودور ذلك المجال أو الجانب في التأثير على مستوى ونمط ووضع التنمية البشرية المستدامة.

فأهم المؤشرات للتنمية البشرية المستدامة والتي اعتمد عليها تعريف التنمية البشرية العربية لعام(١٩٩٢) ضمن دراسة خيري (١٩٩٣) ونعوم (٢٠٠٣):

١. العمر المتوقع عند الولادة.

٢. معدل القراءة والكتابة بين الكبار.

٣. نصيب الفرد من الناتج المحلي الحقيقي.

أما باقر (١٩٩٧) صنف المؤشرات للتنمية البشرية المستدامة كما يلي:

١. مؤشرات الجانب الاقتصادي: ويتصل هـذا الجانـب بالـدور الـذي يمثلـه الاستهلاك للسلع والخدمات في التنمية البشرية ويعبر عنه في دليـل التنمية البشرية للبرنامج الإنمائي للأمم المتحدة بمؤشر واحد هو نصيب الفرد من الناتج المحلي.

٢. مـؤشرات الجانـب الاجتماعـي للتنميـة البشـرية: ويعنـى هـذا الجانـب بمجالات التعليم والصحة والاتصالات والمستوطنات البشـرية، والمجـالات الاجتماعية الأخرى ذات الصلة بالتنمية البشرية ويحظى هـذا الجانـب باهتمام خاص ضمن دليل التنمية البشرية لبرنامج الأمـم المتحـدة الإنمائي منها مؤشر الصحة، وهو مؤشر العمر المتوقع عند الولادة. ومؤشر التعليم بمعرفة القراءة والكتابة بين البالغين ومؤشر للتعلـيم الإجمالي ذو التعلـيم الأولي والثانوي والعالي معاً.

٣. مؤشرات الجانب الإنسـاني للتنميـة البشـرية: حيـث يختـص هـذا الجانـب بحقوق الأفراد الشخصية والاجتماعية والسياسية وحقوق الإنسان الأخـرى التي لا تقـع ضمن الجـانبين الاجتماعـي الاقتصـادي وتتعلـق أهـم هـذه الحقـوق بالمسـاواة في الفرص وعـدم التمييـز وعدالـة التوزيـع وبـالتمتع بالأمن والاستقرار والسلم وسيادة القانون وبالعيش في حالـة مـن الوئـام والتماسك في صنع القرارات وتنفيذها ومراقبة

الجهات المعنية بذلك وبالعيش في بيئة سليمة. كما يعنى هذا الجانب بشكل رئيسي بالسلوكيات والقواعد وبأبعاد غير مادية.

أما فيما يتعلق بتصنيف مؤشرات التنمية البشرية، فترتبط دائماً بمضمون الموضوع الذي يراد تصنيفه، كما تعتمد على نوع الاستخدام والتوظيف للبيانات التي يراد تصنيفها، أو على أساس معيار معين كالزمن أو المصدر أو غير ذلك من أسس التصنيف. ومن ثم تختلف أنواع التصنيفات للأنشطة والموضوعات والأحداث حسب نظام معين يستهدفه الباحث، ولذلك اختلفت تصنيفات المؤشرات الاجتماعية والاقتصادية. ويمكن تصنيفها على أساس قطاعي كمؤشرات التعليم أو الصحة أو التجارة أو الإنتاج.

وهذا التصنيف يركز على محوران رئيسيان يعطيان للبيانات المتاحة دلالات لها قيمتها من حيث الرصد والتقييم أو التخطيط لعناصر النشاط المراد تصنيفه والتعرف على واقعه واتجاهاته. وهذان المحوران هما: تصنيف المدخلات/المخرجات، وتصنيف الرصيد/التدفق.

١. تصنيف المدخلات/المخرجات: قد يكون هناك اختلاط باستخدام المدخلات على أنها مخرجات، فيقال مثلاً أنه قد حدث توسيع في التعليم نتيجة لزيادة ميزانية التعليم. بيد أن الإنفاق على التعليم وما يرتبط به من إعداد المدرسين أو عدد المدارس أو الأدوات التعليمية هذه كلها مدخلات في النظام التعليمي، أما المخرجات فهي أعداد

الطلاب المتخرجين من المدارس، وأثر التعليم في تكوينهم مواطنين. كذلك قد يتم الاختلاط في الاستخدام في المجال الصحي، فيقال أن هناك تقدماً في الحالة الصحية نتيجة لزيادة في معدل الأطباء إلى السكان. لكن هذا المعدل أو غيره من زيادة عدد المستشفيات أو الوحدات الصحية إنما هي مدخلات صحية، والمخرجات هي التحسن في الحالة الصحية للسكان، والتي يمكن اتخاذ مؤشرات خاصة بها كالعمر المتوقع عند الولادة.

٢. تصنيف الرصيد/التدفق أو الموارد والانسياب: تفادياً للخلط الذي قد يحدث بين هذين الطرفين تشير إلى أنه يفرق بين الثروة من ناحية والدخل من ناحية أخرى.

وللثروة موارد كثيرة منها الأرض والموقع الجغرافي والمناخ والموارد الطبيعية والموارد المعدنية والمعالم الأثرية، كما يرى البعض اعتبار السكان ثروة بشرية، وإن ما يترسخ من قيم حضارية ومعنوية إنسانية جزء من الثروة والموارد كذلك. ومؤشرات التدفق أو الانسياب في ما يتولد عن هذه الثروة أو الموارد من سلع وخدمات أو من إنتاج مادي أو فكري أو تنظيمي.

* أبعاد التنمية البشرية المستدامة:

حينما توجه برنامج الأمم المتحدة الإنمائي نحو التنمية البشرية فإنه عرفها، في أول تقرير أصدره عنها، على النحو التالي، التنمية البشرية عملية تهدف إلى زيادة الخيارات المتاحة أمام الناس ومن حيث المبدأ فإن هذه

الخيارات بلا حدود وتتغير بمرور الوقت. أما من حيث التطبيق فقد تبين أنه على جميع مستويات التنمية، تتركز الخيارات الأساسية في ثلاثة هي: أن يحيا الناس حياة جيدة خالية من العلل، وأن يكتسبوا المعرفة، وأن يحصلوا على الموارد اللازمة لتحقيق مستوى حياة كريمة. وما لم تكن هذه الخيارات الأساسية مكفولة فإن الكثير من الفرص الأخرى سيظل بعيد المنال. (UNDP: ١٩٩٣: P3).

بيد أن التنمية البشرية لا تنتهي عند هذا الحد. فهناك خيارات إضافية يهتم بها الكثير من الناس، وهي تمتد من الحريات السياسية والاقتصادية والاجتماعية، إلى فرص الخلق والإبداع، واستمتاع الأشخاص بالاحترام الذاتي، وضمان حقوق الإنسان. "وللتنمية البشرية جانبان: الأول هو تشكيل القدرات البشرية مثل تحسين مستوى الصحة والمعرفة والمهارات، والثاني هو انتفاع الناس بقدراتهم المكتسبة إما للتمتع بوقت الفراغ أو في الأغراض الإنتاجية، أو في الشؤون الثقافية والاجتماعية والسياسية". (UNDP, ١٩٩١: P25).

كما أن النمو يجب أن يحقق شروطاً ثلاثة: وهي:

١. أن يكون قائماً على المشاركة: أي يفسح المجال أمام المبادرة الخاصة ومشاركة القاعدة العريضة من السكان.

٢. ومحققاً للعدالة: بأن يكون موزعاً توزيعاً جيداً حيث يفيد جميع الناس.

٣. وقابلاً للاستدامة: لأن زيادة الإنتاج في المستقبل قد تتطلب قبول التضحيات في الحاضر.

وهكذا سعى التقرير إلى إزالة النقاب الذي رآه البعض بين النمو الاقتصادي والتنمية البشرية، مشيراً إلى ضرورة الأول من أجل تحقيق الثاني، من حيث الاهتمام بتحويل عملية التبعية، وموضحاً إلى الفعاليات اللازمة لتحقيق التنمية البشرية لتسهم في دفع النمو.

كذلك تم التأكيد على نسج التنمية البشرية المستدامة حول الناس من نسج الناس حول التنمية. وبناءً عليه تحدده الأركان الثلاثة للتنمية البشرية المستدامة وهي كالتالي:

أ. تنمية الناس: يجب على كل مجتمع أن يستثمر قدرات أفراده، سواء بالتعليم أو الصحة أو التغذية أو تحسين المستوى الاجتماعي، كي يتسنى لهم أداء دورهم الكامل في الحياة الاقتصادية والسياسية والاجتماعية لبلدهم. ومع زيادة الاهتمام في الوقت الحاضر بقوى السوق والتقدم التكنولوجي، سيكون لتنمية الناس وصقل مهاراتهم دور متزايد الأهمية في تمكينهم من أن يقوموا بجهد منتج خلاق، يساعد على تحقيق النجاح الاقتصادي.

ب. التنمية من أجل الناس: فهم المستهدفون بالتنمية، ولا تكون التنمية تنمية بشرية حقيقية إلا إذا اشتركت احتياجات التنمية كل فرد وإتاحة الفرص للجميع، وهو ما يتطلب توزيع ناتج النمو الاقتصادي توزيعاً عادلاً يعم الجميع.

جـ التنمية بواسطة الناس: يجب أن يشترك الناس مشاركة كاملة في الجهد التنموي وفي تخطيط الهياكل الملائمة لاتخاذ القرارات. (الإمام، ١٩٩٤).

كما يلاحظ أن التقارير الثلاثة الأولى للتنمية البشرية من عام (١٩٩٠) إلى عام (١٩٩٢) بالبعدين الأوليين، ركز التقرير الرابع للتنمية البشرية لعام (١٩٩٣) على البعد الثالث. بما ينطوي عليه من إعطاء كل فرد فرصته للمشاركة، وبالتالي فإن التركيز على تنمية رأس المال البشري بسبب حصر التنمية البشري في تنمية الموارد البشرية، هو خلط بين الوسائل والأهداف. وهكذا فإن كون النمو مطلوب والنهوض برأس المال البشري واجب، فإنه يجب ألا يعني ذلك أكثر من أن كلا منها أداة التحقيق هدف هو: تحسين نوعية الحياة.

* مقاييس التنمية البشرية المستدامة:

على الرغم من الثراء اللامتناهي لمفهوم التنمية البشرية -كما ذكرنا- إلا أن محاولات تأليف مقياس للتنمية البشرية قد اتسمت بالضعف والقصور، حيث أسفرت عن مقياس تجمع بين ثلاثة مؤشرات لا تعبر عن المفهوم بكفاءة، وتتمثل هذه المؤشرات في:

١. توقع الحياة عند الميلاد.
٢. معدل أمية البالغين.
٣. نصيب الفرد من الناتج المحلي الإجمالي.

حيث كان أبرز الانتقادات على هذا المقياس هو بساطته الشديدة التي يفتقد معها الوصول إلى فهم أشمل لمستويات الرفاهة الإنسانية وتغيراتها، وذلك نظراً لإغفاله عدداً من المؤشرات المعبرة عن الجوانب المختلفة للرفاهة

الإنسانية، هذا فضلاً عن السلبيات التي تحيط بالمؤشرات الثلاث، فمثلاً مؤشر توقع الحياة عند الميلاد -الذي يقصد به متوسط سنين عمر الإنسان- قد لا يعبر بالضرورة عن مدى سلامة الصحة البدنية والنفسية للأفراد، أما معدل أمية البالغين فإنه لا يعكس مستوى التعليم ومدى مساهمته في إكساب الأفراد المعرفة وتنمية قدراتهم، وفيما يتعلق بنصيب الفرد من الناتج فهو مؤشر مشكوك في دقته عند الأخذ في الحسبان معايير عدم العدالة في توزيع الدخل. (عبد العزيز، ٢٠٠٤).

لذلك إن أي نظام لقياس التنمية البشرية المستدامة يجب أن يتوجه الفكر إلى تضمين أكبر عدد من المتغيرات للحصول على صورة شاملة ومتكاملة لحالة التنمية البشرية قدر الإمكان، وقد بدأ برنامج الأمم المتحدة للإنماء محاولاته لإعداد تقارير حول التنمية البشرية في دول العالم عام ١٩٩٠، ولكن يمكن اعتبار المكونات التالية هي المكونات الأساسية التي لا بد من تضمينها في عملية القياس:

١. عمر الإنسان :فإن مقياس العمر المتوقع عند الولادة هو مؤشر، أن أهمية توقع الحياة يظهر في الاعتقاد العالم بأن الحياة المديدة نفسية وغالية بحد ذاتها، والحقيقة أن المنافع غير المباشرة والمتعددة (مثل التغذية الكافية والملائمة والصحة السليمة) مرتبطات بشكل وثيق بتوقعات العمر المديد. وهذا يجعل توقع الحياة مؤشراً هاماً للتنمية البشرية، خاصة عند عدم توفر المعلومات والبيانات حول صحة الناس ومستوى تغذيتهم.

٢. المعرفة: فإن أرقام الذين يعرفون القراءة والكتابة تشكل انعكاساً إجمالياً للحصول على المعرفة والتعليم، وتبقى معرفة القراءة والكتابة بالنسبة للفرد الخطوة الأولى نحو اكتساب العلوم والمعرفة، لذا تبرز أهمية معرفة عدد الذين يقرءون ويكتبون في قياس التنمية البشرية المستدامة.

٣. مستوى المعيشة: يعتبر الحصول على الموارد اللازمة لمستوى معيشة ملائم، فيعد أصعب المؤشرات الثلاث قياساً، حيث يتطلب قياسه الحصول على بيانات ومعلومات حول إمكانية الحصول على الموارد المختلفة كالأرض، القروض، الدخل وغيرها.

وكافة هذه المكونات أو المؤشرات تعاني من فشل عام يتمثل في أنها جميعها متوسطات تخفي ورائها فروقات كبيرة بين شرائح السكان، من حيث اختلاف توقعات العمر لدى شرائح السكان، واختلاف في معدل معرفة القراءة والكتابة بين الذكور والإناث، والدخل الفردي بين الأغنياء والفقراء وبين الحضر والريف وبين الأقاليم المختلفة.(جرادات،١٩٩٧).

لذلك اعتمدت المحاولات الأولى لقياس التنمية البشرية على استخدام مؤشر بسيط واحد. فبالنظر لاقتصار مفهوم التنمية البشرية في بادئ الأمر على جانب الاستهلاك من السلع والخدمات اعتبر الدخل الحقيقي للفرد أو الإنفاق الاستهلاكي للفرد مؤشراً كافياً لقياس التنمية البشرية (UNDP, ١٩٩٦).

وأثر توسيع مفهوم التنمية البشرية يشمل جوانب أخرى بجانب الاستهلاك بأن من الضروري استخدام مؤشرات أخرى، بجانب الدخل والإنفاق، لتمثيل تلك الجوانب .

إذن فمفهوم التنمية الإنسانية أوسع من أي مقياس مقترح. وبهذا لا يستطيع أي مقياس مقترح أن يعكس كلياً ثراء واتساع ذلك المفهوم. فالخيارات الإنسانية ونتائجها لا نهاية لها وتتغير بمرور الزمن. ولكن على كل مستويات التنمية، توجد ثلاثة عناصر أساسية، هي العيش حياة جيدة وصحية، واكتساب المعرفة، والوصول إلى الموارد اللازمة لمستوى معيشي لائق، فإذا لم تتوفر هذه العناصر الأساسية، تظل فرصاً عديدة أخرى بعيدة المنال. ولذلك فإن تقرير التنمية البشرية لعام (١٩٩٠) جمع مؤشراً مركباً، هو مؤشر التنمية البشرية، على أساس هذه الأبعاد الثلاثة للتنمية الإنسانية. ويضم أربعة متغيرات – العمر المتوقع عند الميلاد ليمثل بعد الحياة الجيدة والصحية؛ ونسبة البالغين الملمين بالقراءة والكتابة؛ ومجموع نسب الالتحاق بمستويات التعليم الابتدائية والثانوية والجامعية ليمثلا بعد المعرفة؛ والناتج المحلي الإجمالي الحقيقي للفرد ليكون مؤشراً بديلاً يبين الموارد المطلوبة لمستوى معيشي لائق.

فمقياس التنمية البشرية ليس مؤشراً شاملاً للتنمية الإنسانية. وذلك لأنه يركز فقط على العناصر الأساسية الثلاثة التي أجملت فيما سبق، فإنه لا بد وأن يعجز عن الإحاطة بعدد من الأبعاد المهمة الأخرى للتنمية الإنسانية، وكذلك المؤشر مركب من نتائج التنمية على الأجل البعيد وعليه، فليس باستطاعته أن يعكس مدخلات الجهود المتضمنة في السياسات أو يقيس الإنجازات الإنسانية على الأجل القصير، والمؤشر مقياس متوسط وبالتالي فإنه يخفي سلسلة من جوانب التعاون والتباين داخل البلدان، ويمكن أن

تؤدي تجزئة مؤشر التنمية البشرية من حيث النوع والمناطق وأعراق المجموعات إلى إظهار المجالات التي تمس الحاجة إلى العمل فيها، كما أن الدخل لا يدخل في مؤشر التنمية البشرية من أجل ذاته، بل لدلالته على الموارد اللازمة لتحقيق مستوى معيشي لائق. وعليه تعجز المقاييس التقليدية للتنمية البشرية عن الإحاطة الشاملة بالمفهوم الواسع للتنمية الإنسانية.

* مقومات التنمية البشرية المستدامة:

إن العمل من أجل إرساء دعائم التنمية البشرية المستدامة في الأردن، بشكل خاص والوطن العربي بشكل عام يتطلب سياسات اقتصادية مختلفة عن تلك التي سادت في المقاربة التنموية التقليدية، بحيث يجب أن تتناول السياسات الجديدة أعمال القطاعين العام والخاص على السواء لإدخالهما في إطار مبادئ التدبير والمساءلة. غير أن النجاح في هذه السياسات مرهون بشروط مؤسسية مسبقة تفترض الانتقال إلى قيم جديدة متفق عليها، وهي قيم التعاضد والإنصاف وتقوية رأسماله البشري والمجتمعي. وهذا الانتقال يتطلب أن تكون الأولوية للعمل من أجل تقوية المجتمع المدني وإعادة النظر في البيئة القانونية والقيم التي تستند إليها التنمية المستدامة. (برنامج الأمم المتحدة الإنمائي، ١٩٩٦: ٦).

ومن أهم الشروط المؤسسية المسبقة:

١. تقوية هيئات المجتمع الأردني: أن السير نحو تأسيس آليات تنموية تؤمن الاستمرارية والتداعم يتطلب من صانعي القرار الاقتصادي تغيير

النظرة التقليدية إلى التنمية. ويجدر بالملاحظة في هذا الشأن ما تقوم به من نشاطات قيمة من رعاية الطفل أو حقوق المرأة أو بالحفاظ على البيئة أو باحترام حقوق الإنسان. فمثل هذه النشاطات تعتبر مؤشر وعي جديد في مكونات التنمية المستدامة.

٢. إصلاح وتنشيط الحياة البلدية: لا بد في هذا الخصوص، من الإشارة إلى أهمية إصلاح وتنشيط الحياة البلدية ومشاركة المواطنين فيها بانتظام. فالمشاركة على صعيد الوطن لا يمكن أن تتم فعلياً في غياب المشاركة الديمقراطية على الصعيد المحلي. فتقوية نشاطات البلدية وحث المواطنين على المشاركة في صنع الحياة هما من أهم العناصر السائدة لتأسيس مقومات التنمية المستدامة، لأن تلك الإدارات المحلية هي قريبة من الناس وقريبة من أهم المشاكل التي يمكن أن يواجهها المجتمع المحلي، لأنها ببساطة موجودة ميدانياً، وبالتالي يمكن أن تتحسن المشاكل المتعلقة بالمجال التعليمي والصحي والبيئي وهي من مرتكزات التنمية البشرية المستدامة. (الصايغ، ١٩٩٤:٣٠).

٣. تقوية البنية القانونية والتنظيمية: لا بد هنا من إثارة نقطة هامة قلما يتحدث عنها الاختصاصيون في هذا المجال وهو أن التقدم الاقتصادي لا يمكن أن يتم خارج إطار قانوني واضح وشفاف ليعمل على إرساء دعائم التنمية المستدامة مما أدى إلى ظهور مفهوم (دولة القانون) أي الدولة التي تسود فيها القوانين والأنظمة المستمرة والواضحة والأجهزة القضائية الفعّالة، والجدير بالذكر هنا أن ضعف البنية في الوطن العربي

يمكن أن يعزى إلى ضبابية القيم التي يفترض فيها أن تكون المحرك الأساسي في تحديد أهداف المجتمع ونوعية العلاقات المجتمعة، فإذا كانت مجموعة القيم المرجعية غير واضحة ومتضاربة فيما بينها. فالنتيجة الحتمية ستكون هشاشة البنية القانونية وتضارب القوانين والأنظمة.

وفي غياب هذه العناصر الثلاثة أي تطوير هيئات المجتمع المدني. وتقوية اللامركزية وتنشيط الحياة البلدية، وأخيراً البنية القانونية والقضائية والتنظيمية لا يمكن إرساء دعائم التنمية المستدامة، فهذه العناصر الجوهرية تكوّن المقومات الأساسية والقوالب التنظيمية التي يمكن أن تتكيف شرائح المجتمع المختلفة.

ومن خلال عرض المرتكزات الثلاثة السابقة يتبين أنها تهدف إلى معالجة قضايا التنمية المستدامة من خلال:

– إصلاح القطاع التعليمي وربطه بالقطاعات الإنتاجية بشكل فعّال، وتأمين مساهمة شركات ومؤسسات القطاع الحاضر في التعليم المهني وفي تمويل الأبحاث العلمية.

– اتخاذ التدابير الفعالة لمحو الأمية والقضاء عليها بشكل نهائي.

– تحقيق تعادل الفرص في الحصول على متطلبات الحياة.

– اضطلاع مؤسسات القطاع العام والخاص باتخاذ التدابير التي تكرس احترام البيئة.

– العمل من أجل تطوير الإطار المؤسسي والقانوني.

وبالتالي إن تأسيس مقومات التنمية البشرية المستدامة لا يمكن أن يتم إذا لم يتوفر، في أن واحد للوعي الكافي في المواقع الإستراتيجية للمجتمع من جهة،

والإرادة الصلبة للتغيير بالابتعاد عن النموذج القديم وبإنشاء علاقات وروابط جديدة أكثر فعالية بين القطاعات التعليمية والاقتصادية والاجتماعية في المجتمع من جهة أخرى.

* خصائص التنمية البشرية المستدامة:

للتنمية خصائص واضحة تتمثل بما يلي:

١. أن التنمية عملية شاملة ذات أبعاد متعددة تشمل مجمل أطر المجتمع، وهي تعني إحداث التغيير الشامل في المجتمع.

٢. أن التنمية عملية مستمرة، فهي ذات طبيعة مستمرة ومتصلة كونها ترتبط بعمليات التغيير المطلوب ومواكبتها في المجتمع.

٣. التنمية عملية مخططة، لأن تحقيق التنمية لا يمكن أن يأتي بشكل عشوائي أو تلقائي. لذا لا بد من استخدام التخطيط كأسلوب علمي منظم لتحقيقها.

٤. التنمية عملية استثمارية تستخدم الموارد المتاحة في سبيل تحسين وسائل وظروف الحياة والإنتاج، وبالتالي فإن الاستثمار يمثل العلاقة المميزة للتنمية.

٥. التنمية تهدف إلى تحقيق الرفاهية، لأن التنمية تسعى إلى إحداث النمو والتطور في المجتمع بالصورة التي تقود إلى رفع مستوى المعيشة وهي تستهدف تحقيق رفاهية المجتمع.

٦. التنمية مسؤولية إدارية، ولتحقيق التنمية لا بُد من وجود أجهزة إدارية ذات فعالية، لذلك التنمية تعتمد على كفاءة الجهاز الإداري للدولة.

٧. التنمية جذابة، إذ يجب أن تكون التنمية جذابة وشديدة الجاذبية للمساهمين والمستفيدين منها.

* تحديات التنمية البشرية في القرن الحادي والعشرين:

بتصنيف سكان الكوكب الأرضي وفقاً لمقاييس التنمية البشرية – لدى الأمم المتحدة- سوف نرصد أربع حالات: الأولى: عالم متقدم اقتصادياً وبشرياً، والثانية: متقدم بشرياً ومختلف اقتصادياً، والثالث: متقدم بشرياً وفي سبيله للالتحاق بركب التقدم الاقتصادي، والأخيرة: متخلف اقتصادياً وبشرياً. إذا استثنينا الحالتين الثانية والثالثة نظراً لاندراجهما تحت مقياس متقدم للتنمية البشرية فإنه يتبقى لدينا حالتان الأولى لعالم متقدم كماً وكيفاً، والثانية لعالم متخلف تنمية ونمواً. فيما يتعلق بالعالم المتقدم الذي يمتلك مقاليد المعرفة والتكنولوجيا الحديثة، لا شك أنه سينفق كل غال ونفيس من أجل الحفاظ على استمرار ريادته وتقدمه، سواء كان ذلك من خلال بذل المزيد من الجهد لتنمية شعوبه أو اللجوء لاستقطاب العقول البشرية من كل حدب وصوب إن لزم الأمر. ولعل ذلك سيكون منبعه يقين تلك البلدان بأن سر التقدم والرقي يكمن فيما تمتلكه من عقول قادرة على الإبداع والابتكار المستمر وسرعة الاستجابة للاحتياجات المتجددة التي تفرزها البيئة الدولية. أما بالنسبة للعالم المتخلف أو النامي -كما يطلق عليه تجاوزاً-فإن مسيرته نحو معدلات أفضل من التنمية البشرية في القرن الحادي والعشرين تعترضها العديد من التحديات التي تصل إلى درجة الأمراض المزمنة، وتتمثل أهمها فيما يلي:

١. الفقر: يمثل أهم التحديات التي ستواجه مسيرة التنمية البشرية في العالم النامي في القرن الحادي والعشرين، حيث تشير الإحصاءات إلى أن نصف سكان العالم فقراء ومنهم نحو (١,٣) مليار إنسان يعيشون تحت خط الفقر. ومع اتساع الهوة بين الأغنياء والفقراء من ناحية وتراجع مؤشرات المساعدات والمعونات الموجهة للدول النامية، سوف يترتب عليه عد قدرة تلك البلدان مستقبلاً على مجرد توفير الحدود الدنيا لمعيشة شعوبها.

٢. الأمية: وما تشكله من خطر داهم على شعوب الدول النامية، فمع قصور الموارد وترتيب الأولويات على أساس توفير الاحتياجات الأساسية أولاً من مأكل ومشرب وملبس فأما الموارد المتبقية والتي من المفترض أن يوجه جزء منها إلى التعليم تكاد تكون معدومة بالنسبة لاحتياجاتها الفعلية، هذا فضلاً عن تخلف نظم التعليم القائمة بتلك البلدان عن مسايرة المهارات اللازمة لاحتياجات الاقتصاد العالمي المتغير. ومن الطريف أن تجد شعار محو الأمية سائداً في الدول النامية في حين ترفع الولايات المتحدة الأمريكية مثلاً شعار التعليم العالي للجميع.

٣. التلوث البيئي: الذي يهدد صحة شعوب البلدان النامية، حيث ارتبطت النهضة الصناعية للعالم المتقدم بتصدير التلوث إلى البلدان النامية، هذا بالإضافة إلى افتقار الدول النامية لمفهوم الأمن البيئي الذي يتمثل في توفير أساليب الحياة النظيفة الخالية من الأضرار والتلوث. هذا فضلاً عن عمليات إعادة التوطين للتكنولوجيا الملوثة للبيئة التي تقوم بها الدول المتقدمة والشركات متعددة الجنسية ولم تجد وطناً لها أفضل من

البلدان النامية، وذلك بعد إدراكها أن هذه الأنماط التكنولوجية تضر بصحة مواطنيها.

٤. شروط التجارة العالمية: غير المتكافئة وأثرها على مستقبل اقتصاديات البلدان النامية، حيث تؤدى الشروط المجحفة وتدابير الحماية التي تطبقها دول الشمال إلى تكبيد الدول الفقيرة لخسائر قدرتها أحد المنظمات الأمريكية غير الحكومية تدعى "أوكسفام انترناشيونال" بمبلغ ٧٠٠ مليار دولار تقريباً في العام؛ أي ما يعادل ١٤ موضع مما تتلقاه تلك الدول من مساعدات مخصصة للتنمية من جانب آخر فقد أثبت فشل مفاوضات "سياتل" إلى تناقضات العولمة، وعدم التوازن بين مصالح البلدان المتقدمة والنامية، وهو ما عبر عنه شعار المتظاهرين في "سياتل" والذي تمثل في "لا نريد تجار حرة بل نريد تجارة عادلة".

٥. أعباء التقدم التكنولوجي: إن التقدم التكنولوجي المعاصر في المعلومات والاتصالات وأساليب الإنتاج يضع تحدياً وأعباءً ثقيلة على كاهل الاقتصاد للبلدان النامية، حيث جاء رأس المال والتكنولوجيا وليس العمل وحده عوامل الإنتاج الرئيسية المحركة داخل الاقتصاد العالمي؛ مما يخلق تحديات إضافية لتنمية الموارد البشرية واستخدامها وأنه ستكون النتيجة الحتمية تفاقم معدلات البطالة، حيث إن تخلف المهارات البشرية مع التعامل مع التكنولوجيا الحديثة يولد نوعاً من البطالة يعرف بالبطالة الاحتكاكية أو الفنية. فعلى سبيل المثال: إذا استحدث مصنع نمطاً إنتاجياً حديثاً باستيراد بعض الماكينات المتطورة، فإن عدم قدرة القوى البشرية

القائمة على التعامل مع ذلك النمط الجديد سوف يصحبه استغناء عن العمالة غير المتوائمة. في النهاية تبقى حقيقة أنه مع مضي إعصار العولمة قدماً وما يحمله في طياته من إرساء معيار البقاء للأصلح، الأمر الذي قد يتنافى في كثير من الأحيان مع المعايير الإنسانية التي يسعى مفهوم التنمية البشرية إلى تحقيقه. لذا فإنه يتطلب من الدول النامية أن تصحو من غفوتها واعتقادها بأن محاكاتها للمظاهر المادية لحياة يعني أنها تعيش حياة بشرية ناعمة ولكن عليها أن تؤمن بأن إحداث أي تقدم اقتصادي أو اجتماعي مشروط بقدرتها على خلق إرادة وطنية واعية وقادرة على مواجهة التحديات التي يفرضها النظام العالمي الجديد (العولمة). فقدرة البلدان النامية على إثبات وجودها مستقبلاً مرتهن بقدر أجيالها على التعايش مع التقدم ومحاكاته بفاعلية لا بمظهرية، وهذا لن يكون إلا باعتبارها مشاركة في صنع التقدم وليس مجرد متلقية لثماره. (عبد العزيز، ٢٠٠٤).

كما ويمكن تلخيص العوامل التي أدت أو ساعدت على تواضع التنمية البشرية في المجتمع كالتالي:

١. النمو السكاني الكبير:

إن النمو السكاني الكبير جداً في الغالبية العظمى من الدول الإسلامية والذي يبلغ معدله حوالي ٢٫٦ % سنوياً يتجاوز المعدلات العالمية ويشكل عبئاً واضحاً على اقتصاديات الدول الإسلامية والتي عليها أن تنمو بمعدلات

اقتصادية أعلى من ذلك بكثير حتى تتمكن من تحقيق زيادة فعلية في دخل الفرد مما يساعد على تحسين مستوى الحياة والتنمية البشرية.

إن هذا النمو السكاني ناتج عن عديد من العوامل من أهمها الخصوبة المرتفعة للمرأة وهي في كثير من الحالات امرأة من أسرة فقيرة، أمية غير قادرة على المحافظة على صحة أطفالها العديدين وعلى تربيتهم وتوفير الرعاية الكافية لهم مما يؤدي في معظم الحالات إلى ارتفاع في عدد وفيات الأطفال الرضع وتردي مستوياتهم الصحية والاجتماعية وازدحام في المساكن وعبء إضافي على الخدمات العامة والخدمات الصحية مما يزيد في تردي أوضاع التنمية البشرية: إن هذا النمو السكاني الكبير جداً يؤدي إلى طلب متزايد على الخدمات العامة (التعليم، الصحة، البنية التحتية...الخ) والتي هي متخمة أصلاً مما يتطلب مزيداً من الاستثمار فيها. ونتيجة لعجز حكومات الدول الإسلامية، ومعظمها حكومات فقيرة، عن تلبية هذه الحاجات الاستثمارية المتزايدة،فإنهذه الخدمات العامة تزداد سوءاً وتؤدي إلى مزيد من تردي أداء التنمية البشرية وتراجع في مستوياتها.

إن من أول متطلبات برامج تحسين أداء التنمية البشرية في الأمة هو ترشيد النمو السكاني بصورة تتبع تعاليم الدين الإسلامي الحنيف كما هي موضحة في آيات القرآن الكريم. ويؤمل أن تتمكن الدول الإسلامية من الاستعانة والاسترشاد بآراء العلماء المسلمين والفقهاء في هذا المجال.

إن التعاليم الإسلامية إن اتبعت فإنها تساعد جداً على المحافظة على صحة الأم والطفل مما يؤدي بدوره إلى ترشيد النمو السكاني الحالي الكبير. (الخطيب، ١٩٩٧)

٢. نقص خطط التنمية وترتيب الأفضليات:

إن عدداً من الدول الإسلامية تنبهت وفي وقت مبكر إلى الحاجة إلى التخطيط لغايات تبين مسار تطورها المستقبلي والخطط الأمثل لتحقيق هذا التطور وقد قامت هذه الدول بمسوح إحصائية مناسبة بنت عليها استنتاجات واستراتيجيات وخطط، إلا أن عدداً كبيراً جداً من الدول الإسلامية الأقل نمواً لا تزال تنقصها رؤية كافية للمستقبل وخطط واضحة لمواجهة أعبائها التنموية. كما أن كثيراً من هذه الدول لا تزال غير مدركة لأهمية التنمية البشرية كالعنصر الأساسي في التطوير والتنمية، إن إمكانيات هذه الدول محدودة جداً وفي حالة توفر فرص استثمارية لديها فإنها تحاول التوسع في البنية التحتية والخدمية المكلفة (بناء محطات وشبكات الكهرباء، الموانئ، الطرق...الخ) بدون أن تعطي التنمية البشرية الاهتمام الكبير الذي تستحقه لتوفير العنصر البشري الذي سوف يقوم على إدارة هذه البنية التحتية.

بالتالي فإن هناك حاجة إلى أمرين أولهما إحاطة المسئولين وواضعي السياسات في الدول الإسلامية بأهمية التنمية البشرية كالخطوة الأولى من أجل تحقيق التنمية الشاملة والأمر الثاني هو مساعدتهم في وضع السياسات اللازمة للتنمية البشرية ومساعدتهم في تقييمها وتنفيذها. (الخطيب، ١٩٩٧).

٣. ضعف الموارد المالية:

إن ضعف الموارد المالية في معظم الدول الإسلامية هو سبب في تردي أداء التنمية البشرية لكنه بالتأكيد ليس السبب الوحيد إذ أنه ملاحظ أن بعض الدول الآسيوية الإسلامية تمكنت من تحقيق إنجازات جيدة في التنمية البشرية على الرغم من إمكانياتها المتواضعة وبصورة أفضل من دول أكثر منها دخلاً.

إن توظيف الموارد المالية المحدودة للأمة خلال العشرين سنة الأخيرة لم يكن في كثير من حالات التوظيف الأمثل. ولاعتبارات عدم الاستقرار التي سادت منطقة الشرق الأوسط في العقود الأخيرة فلقد ذهبت أموال كثيرة للدفاع وأموال أخرى في غير طريقها الصحيح مما أدى إلى نقص في تحقيقات التنمية البشرية في كثير من الدول الإسلامية. كذلك فلقد كانت هناك هجرة من الأموال من بعض الدول الإسلامية، وقد كان يمكن التغلب على هذه الهجرة بإجراءات اقتصادية ونقدية مناسبة. إن النمو البطيء للاستثمارات المحلية أدى بصورة عامة إلى نمو اقتصادي متواضع في كثير من الدول الإسلامية.

إن الإنفاق الدفاعي في الأمة في عام ١٩٨٥على سبيل المثال قارب حوالي ١٠٠ بليون دولار وشكل ٨ % من الدخل الإجمالي للأمة. وتجاوز الإنفاق على الدفاع ما خصصته الأمة للتعليم والصحة مجتمعين. لحسن الحظ فإنه حصل تراجع واضح في تخصصات الدفاع في إنفاق معظم الدول الإسلامية في السنوات الأخيرة وفي خلال العقد الأخير انخفضت مخصصات الدفاع بالنسبة للدخل إلى نصف ما كان عليه الأمر في الثمانينات. على الرغم

من أن هذا الإنفاق لا يزال مرتفعاً، إلا أنه يشكل تحسناً كبيراً مما يحفز جهود التنمية البشرية للأمة في المستقبل.

إن توفير التمويل للتنمية البشرية سبب رئيسي وأساسي في تحقيق أهدافها لكن في نفس مستوى الأهمية والكفاءة في استعمال الأموال المحدودة وحسن توظيفها واستغلالها بصورة أمثل لأغراض التنمية وهو ما تحتاجه معظم الدول الإسلامية وما يمكن للبنك أن يساعد بشأنه عن طريق القروض المشروطة والمساعدات الفنية.

٤. الظروف التاريخية:

إن الظروف التاريخية التي مر بها عدد كبير من الدول الإسلامية، في العقود الماضية السابقة للاستقلال، كانت فترات استعمارية صعبة محبطة لم تساعد التنمية البشرية والتطوير والتحفيز وأدت إلى نشوء حالة من الاستكانة ونقص شديد في القوى المدربة في معظم المجتمعات في الدول الإسلامية. إن أهم ما يساعد على التنمية البشرية هو طموحات الأفراد وتطلعاتهم وآمالهم للمستقبل ورغبتهم في تحسين ظروفهم المعيشية وأدائهم. كما أن بعض خدمات ونشاطات التنمية البشرية (مثل النظافة والصحة) يمكن تحسينها أحياناً كثيرة بدون استثمارات كبيرة عن طريق الإرشاد وتثقيف الأفراد (وخاصة النساء) وتجنيدهم لخدمة مجتمعاتهم.

كما إن الوعي والتثقيف هام جداً في أمور التنمية البشرية ولا يحتاج إلى استثمارات كبيرة، إن دور المجتمع المدني، بجانب دور الحكومات ضروري في

هذا المجال، فإن الجمعيات غير الحكومية التي تعمل على محو الأمية ومكافحة الفقر والمحافظة على الصحة العامة والبيئة وتحسين وضع المرأة (خاصة في الريف) تلعب دوراً هاماً في التنمية البشرية وذلك باستخدام أموال محدودة ولكن بكفاءة أفضل بكثير من كفاءة الحكومات. إن تطوير المجتمع المدني وخاصة في الريف في بعض الدول الإسلامية يمكن أن يساعد كثيراً على التنمية البشرية في هذه الدول وهذا مجال يمكن أن يساهم به البنك.

٥. حالات عدم الاستقرار:

مرت بعض المجتمعات الإسلامية وفي العقود الأخيرة بحالات من عدم الاستقرار (سياسياً واقتصادياً) نتيجة لأوضاع سياسية معينة، إن حالات عدم الاستقرار هذه لا تساعد خطط التنمية وتؤثر سلبياً في الشعوب وفي تطلعاتها وسلوكها في مجال التنمية البشرية، إن الاستقرار السياسي هو أساس للتطور الاقتصادي والاجتماعي، إنه وإن كان الاستقرار السياسي قد ابتدأ يعم أعداد متزايدة من الدول الإسلامية فإن هناك ضرورة لضمان استمرار يته وتطوير المجتمع المدني وتوطينه في جميع الدول الإسلامية إذ أن هذا أساس للتنمية الاقتصادية والاجتماعية للأمة.

إن هناك عوامل أخرى أثرت في أداء الأمة وساعدت في تراجع التنمية، كما أن هذه العوامل تختلف من دولة لأخرى، ولا يمكن حصر كل ذلك في دراسة عامة مثل هذه. لكن بعض هذه العوامل والظروف خاضعة للتطوير وقابلة للتحسن فالنمو البشري الكبير يمكن ترشيده وكثير من الظواهر السلبية

مثل الأمية يجب التغلب عليها وسوء التغذية والفقر يمكن تلافيه بالاستخدام الأمثل للدخل. (الخطيب، ١٩٩٦).

٦. القوى العاملة:

إن أكثر المشكلات التي تعاني منها نظم التعليم في العالم تتعلق بعدم قدرتها على إعداد الإنسان لمواجهة احتياجات سوق العمل، ومسايرة التبدلات الدائمة في هذه الاحتياجات. دول كثيرة ما زالت تعاني من مشكلة البطالة بين المتعلمين ومن ضمنها الأردن (EDUCATED UNEMPLOYMENT) تنمية الزيادة العالية في أعداد الطلاب وما يترتب على ذلك من توسيع التعليم وتضخم في مخرجاته، وفي هذه الحالة يضطر الخريجون إلى شغل وظائف لا تمت بأية صلة لما تعلموه وتخصصوه فيه. فقد يعمل الخريج من كليات متعددة لمهنته غير مهنته الأساسية، أو يزاول مهنة كتابية بسيطة، أو الحراسة على الأسواق والمحلات التجارية وغير ذلك من مهن لا تتطلب علماً متخصصاً ولا مهارات عالية. فالمجتمعات التي تواجه مشكلات البطالة بين المتعلمين تدرك خسارتها الفادحة في فقدان القوى العاملة والمدربة على مهن رفيعة قد تتسابق دول أخرى عليها للاستفادة منها (الشراح، ٢٠٠٢) فباستقراء الإحصاءات حول نسب البطالة في العالم لا بد من التأكيد على أنه ليس هناك مجتمع لا يعاني من مشكلة التشغيل لكل خريجيه، حتى الدول المتقدمة كاليابان والنرويج وأمريكا وغيرها لديها ظاهرة البطالة. فعلى الرغم من تحقيق نمو في نصيب الفرد من الناتج المحلي الإجمالي خلال العقدين الماضيين إلا أن البطالة لم تنخفض في بلدان منظمة التعاون الخليجي والتنمية في الميدان

الاقتصادي حيث ظلت النسبة عند مستوى (٧%) مع ارتفاع معدلها في دول الاتحاد الأوروبي إلى (١٠) و (١١%) وقد وصلت نسبة البطالة في عام ١٩٩٩ في إيرلندا حوالي (٢,٧%) وهي أقل نسبة في العالم مقارنة بالنرويج (٣,٧%) واليابان (٢,٧%) وأمريكا (٥%) وجميع هذه الدول تعتبر من الدول ذات التنمية المرتفعة. (UNDP, ١٩٩٩, P.٣٢)

لذلك فالبطالة شكل من أشكال الهدوء في الموارد البشرية تتصدر مسؤوليته نظم التعليم، لكن التعليم بطبيعة الحال يتأثر بجملة من العوامل الخارجية عن نطاقه وسيطرته كالتغيير المفاجئ في السياسات السكانية والاقتصادية والدولية في ميادين التجارة والسياسة والعلاقات الدولية وغيرها. وفي مجتمعات كثيرة تتأثر أنظمة التعليم بضعف الربط بينها وبين أجهزة التخطيط العام، بخاصة في ميدان تخطيط القوى البشرية (PLANNING MANPOWER) حيث لا يتوافر تعليم المعلومات اللازمة عن الناس والدولة. وما لم ترصد هذه الرابطة فإنه من المتعذر على جهاز التخطيط التربوي أن يضع الخطط للقوى العاملة التي بها يمكن أن يشغل الفرد دوراً وظيفياً منتجاً بعد أن ينال مستوى معين من التعليم. (عبد الحليم، ١٩٩٩).

لقد ترتب على هذا الوضع العمل في إعداد القوى العاملة في فوارق الأجور بين الحاصلين على شهادات جامعية وثانوية عامة وفنية وغيرها أثرت على احتياجات السوق. فالشهادة الجامعية في الإدارة والفلسفة وغيرها يحصل عاملها على راتب يفوق راتب من يحصل على دبلوم التعليم التكنولوجي والمهني الذي يفضله السوق على الشهادة الجامعية. ولقد أدت هذه الوضعية

الغريبة إلى الحطّ من قيمة التعليم الفني الصناعي الذي هو عصب الاقتصاد في هذا العصر بعد أن أصبح ثانوياً لا أهمية له أمام الشهادة الجامعية (RONALD, ١٩٧٦).

٧. المنظور الثقافي:

ترتبط الثقافة بالتنمية البشرية ارتباطاً وثيقاً. فكلما ازدهرت الثقافة ارتفعت معدلات التنمية البشرية، لذلك فالثقافة في أي مجتمع صفة دالة على التنمية. حيث أن هناك تعريفات كثيرة لمفهوم الثقافة. فالثقافة في الاستخدامات العامة قد تعني تلك النظم القائمة من المعتقدات والنشاطات التي تتبناها وتلتزم بها الجماعة. وهذه النظم تشمل الأفكار والمفاهيم عن التنمية الإنسانية. (الشراح، ٢٠٠٢). وتصورات الناس عن الثقافة تتباين تبعاً لنوع المعتقدات والآراء التي يحملونها. فقد نرى فئة من الناس أن الثقافة تعني أشياء يجب أن تكون مقبولة مع معتقداتها وأفكارها، ويرى آخرون أن الثقافة شأن عام لا علاقة له بالمعتقدات والطائفية والعرق أو القبيلة. (THOMAS، ١٩٩٨).

كما أنه لا توجد الثقافة بدون المجتمع، والعكس أيضاً صحيح، لا مجتمع بدون ثقافة. ولكن هناك فرق بين الثقافة والمجتمع باعتبار أن الثقافة، كما أشرنا تتصل بالأشياء والأفكار والمعتقدات بينما المجتمع علاقته بالناس. وتأتي شدة العلاقة بين الثقافة والمجتمع في أن الناس تصنع الثقافة. لذلك فإن الناس لها أهمية بالغة في صنع الثقافة، وبالتالي تضطرب الثقافة إذا لم نصقل القدرات والمواهب الإنسانية وبخاصة من خلال التعليم، واختلالات الثقافة تعود إلى ما

يطلق عليه التخلف الثقافي (CULTURAL LAG) وهذا التخلف يقصد به عناصر مختلفة في المجتمع تتغير بنسب متفاوتة حيث يصيب بعضها التغيير بدرجة كبيرة أو بدرجة قليلة. (النجيحي، ١٩٩٧) وعادة ما يقاس تقدم الإنسان أو المجتمع بالمستوى الثقافي. لذلك، فالثقافة تساعد على التمييز بين التقدم والتأخر عند الأفراد والجماعات والمجتمعات. (ميكل تامسون وآخرون، ١٩٩٧).

٨. كفاءة النظام التعليمي:

يرى التربويون ورجال الاقتصاد والاجتماع والسياسة أن معظم مشاكل التنمية سببها تدني كفاءة التعليم(EDUCATIONAL EFFICIENCY) فالكفاءة العالية تمثل متانة القواعد التي تقف عليها أنظمة التعليم وتعد من أهم مؤشرات تطوير التنمية البشرية. والكفاءة لا تأتي من فراغ وإنما ترتبط بجملة من المكونات وهي الطالب والمعلم والمنهج. وعناصر التدريس المختلفة، وطرق التعلم والتقنيات المستمدة والمباني وغيرها. فالكفاءة في التعليم تعرف على أساس أنها القدرة على تحقيق الأهداف المنشودة. فهي الحزمة الجامعية لعدد من العناصر المتفاعلة القادرة على الوصول للأهداف المرصودة خلال فترة زمنية محددة. فإذا كان الهدف هو الوصول إلى استيعاب كامل لكل الملتحقين بالتعليم الابتدائي، أو رفع سن إلزامية التعليم حتى الثانوي أو توفير فرص التعليم الجامعي للجميع أو العمل على القضاء على الأمية خلال فترة زمنية محددة فإن كفاءة نظام التعليم في هذه الميادين لا بد أن تستثمر كل القوى التي يمتلكها من أجل تحقيق هذه الأهداف، وهذا يتطلب التخطيط والاستقلال الأقل لكل العناصر الداخلية في الكفاءة. (الشراح، ٢٠٠٢).

ومن المعلوم أن أي اختلال في عنصر أو أكثر من عناصر الكفاءة للنظام التعليمي، فإن الآثار السلبية على العملية التعليمية كبيرة تؤدي في النهاية إلى فشل الأهداف والخطط في تحقيق التنمية البشرية. حيث يلاحظ أن معظم أنظمة التعليم تركز على دراسة عنصر واحد أو عنصرين من دون المراجعة الشاملة لمختلف عناصر الكفاءة. ويعود ذلك لسهولة التركيز على عنصر معين كالمعلم أو الكتاب المدرسي أو غير ذلك من عناصر التعليم. وهذا يؤدي إلى دراسة مبتورة وشكلية ولا صلة لها بالكفاءة الكلية. فأكثر الأمور تعقيداً أن تقاس الكفاءة على أجزاء فقط دون النظرة الكلية لكفاءة العناصر التعليمية. (الشراح، ٢٠٠٢).

٩. الإدارة التربوية والمدرسية:

تشكل الإدارتان التربوية والمدرسية عاملاً مهماً في التنمية البشرية فالإدارة في كل جانب من جوانب النظام التعليمي، في المدرسة، وفي التخطيط، وفي الإدارة العليا وحتى العمليات التي يقوم بها المعلم لا تخلو من الأداء الإداري المطلوب على مستوى تنظيم الصف، والتدريس، ومتابعة الطلبة مقياس المستوى المدرسي العام. لذلك فإن العملية التعليمية يستحيل أن تحدث بدون الإدارة بل إن تحسين التعليم مرتبط بمدى قدرة النظام التعليمي على استثمار المفاهيم والطرق الحديثة للإدارة التربوية. (الشراح، ٢٠٠٢).

كما ويلاحظ أن أبرز معوقات التنمية البشرية في الجانب الإداري التربوي العمل بطريقة الإدارة الاستبدادية التي تفرض الطاعة، وتتوغل في الشكليات والتسلط على الأفراد دون السماح لهم بالمشاركة وإبداء الرأي. فالفرد في هذا النوع من الإدارة

التربوية مطيع منفذ للأوامر ليست لديه القدرة على التفكير أو أخذ المبادرة أو الإبداع، وهو دائم التخوف من العقوبة وسلطة القيادة العليا. ومن الطرق الإدارية الأخرى ما يسمى بالإدارة الفوضوية(DISORDERED AMINISTRATION)الذي يترك فيها المسؤول كل واجباته لغيره. في حيث يلاحظ في الدول المتقدمة على الإدارة الديمقراطية حيث المشورة وتبادل الرأي وتشجيع التنافس على الأداء والإنجاز. حيث يرتكز العمل على العلاقات الإنسانية، وجماعية القيادة مع تقدير لذاتية الفرد ومواهبه وقدراته ومشاركته في صنع القرار (وليم أدني، ١٩٦١).

١٠- مهنة التعليم:

يدور الجدل ويحتدم النقاش والأوساط التربوية والاجتماعية حول دور العلم وطبيعة مهنته وأعبائه ومسؤولياته، وضعف مخرجات التعلم، وتراجع دور مؤسسة التعليم في التنمية البشرية. ويركز الحوار حول علاقة مهنة التعليم بدور المعلم باعتباره المرتكز في العملية التعليمية، كذلك المدرسة لا تعمل بمعزل عن المجتمع. حيث ازدادت الأعباء على المدرسة بسبب اختلاف حاجات الفئات الاجتماعية نتيجة التعددية الطائفية والمذهبية والأيدلوجية وغيرها بحيث شكلت هذه الحاجات في الواقع جملة من التناقضات والصراع والضغوط لم تسلم المدرسة من آثارها المربكة والمعطلة أحياناً لحركتها وأهدافها. (الشراح، ٢٠٠٢).

فنجاح المعلم في مهنته يتوقف على عدد كبير من العوامل بعضها داخلي يتعلق بالمدرسة نفسها، وبعضها الآخر خارجي له علاقة بالنظام المركزي للتعليم أو المجتمع. فعلى المستوى الداخلي للتعليم لا بد من توافر الإمكانات المادية والبشرية التي تعين المعلم على حسن أدائه لعمله. فمن الصعوبة تحقيق

النجاح وغياب الوسائل التعليمية الجيدة أو الكتب المدرسية المناسبة أو المبنى المدرسي الملائم أو الإدارة النشطة. أما المستوى الخارجي، فإن نظام التعليم عليه أن يلبي احتياجات المدرسة المختلفة، وأن يسعى لإشراك المعلمين أو وضع الأهداف والسياسات والمناهج وغيرها. كذلك المؤسسات الاجتماعية كالأسرة وغيرها هي الأخرى مطالبة بالتعاون مع المدرسة وتسهيل مهمة المعلم (عبد الدايم، ١٩٩٥).

وإذا كان القرن الحادي والعشرون هو قرن المعلومات والاتصال وثورة العقول الإلكترونية، فإن هذا يستلزم أن يدرك المعلم حقيقة هذه الأبعاد التي تشكل تحديات ضخمة للمؤسسة التربوية التعليمية في أي مكان. بالإضافة إلى المفاهيم الجديدة كالعولمة والتوجه نحو التكتلات الدولية، وتفجير المعرفة، والتأكيد على التسامح، ومواكبة التغيير وغيرها. (الشراح، ٢٠٠٢).

١١. الاتفاق على التعليم:

ليس من شك في أنه يستحيل تحقيق تنمية بشرية دون أن تتوافر الأموال اللازمة للإنفاق على التعليم. والإنفاق على التعليم مشكلة كبرى ما زالت تقلق الحكومات والشعوب أمام الحاجة المتزايدة ليس فقط لأي نوع من التعليم. وكثيراً ما تضطرب الأوضاع المالية لأنظمة التعليم أما تزايد وتعدد حاجات الناس من التعليم. فهناك تصاعد أعداد الملتحقين من الطلبة بالمؤسسات التعليمية وما يترتب على ذلك من منشآت مدرسية ولوازم تعليمية تتضخم بمرور الزمن (الشراح، ٢٠٠٢).

كما أن كلفة التعليم تتأثر بعدة عوامل منها الرسوب والتسرب للطلاب فهذا يؤثر على كلفة التعليم، وتقليص ميزانية التعليم المالية، بين العجز في الموازنة المالية العامة للدولة. فنجد ميزانية التعليم في عام ١٩٩٤ في العالم العربي على سبيل المثال حوالي (٣٠) مليون دولار أمريكي، أي ما يعادل حوالي (٦%) من الناتج القومي العام (UNDP, ١٩٩٤, PP. ١٢٦).

٨.

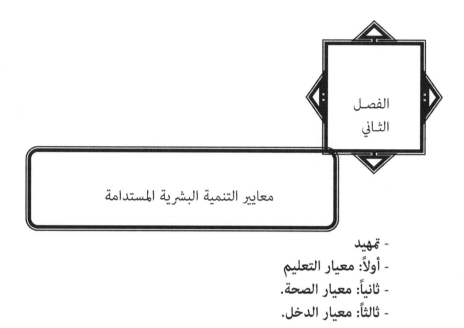

الفصل الثاني

معايير التنمية البشرية المستدامة

- تمهيد
- أولاً: معيار التعليم
- ثانياً: معيار الصحة.
- ثالثاً: معيار الدخل.

الفصل الثاني
معايير التنمية البشرية المستدامة

* تمهيد

تقوم التنمية البشرية على جانبين رئيسين: أحدهما تكوين القدرات البشرية وتنميتها من خلال تحسين الصحة والمعارف والمهارات من جهة، ومن جهة أخرى استخدام الناس للقدرات التي اكتسبوها في الأغراض الإنتاجية، أو أي خيارات مفيدة، فإذا تحقق هذان الجانبان تحققت التنمية البشرية والعكس صحيح، لأن الغرض من التنمية البشرية زيادة تجميع خيارات البشر وليس زيادة الدخل فقط (برنامج الأمم المتحدة الإنمائي، ١٩٩٦: ١١).

وأكد على ذلك تقرير التنمية البشرية للعام (١٩٩١: ٢) بأن أفضل طريقة لتحقيق التنمية البشرية هي تشجيع أو تعزيز نمو اقتصادي متوازن أكثر ومشاركة في التنمية أكبر وأفضل طريقة لذلك هي زيادة الدخل القومي، وتأكيد العلاقة المحكمة بين الاقتصاد وتحسين الوضع البشري حيث خلص تقرير البيئة البشرية لعام (١٩٩٠: ٣) إلى أن النموذج للتنمية البشرية يتمثل بما يلي:

- منهج الاحتياجات البشرية يركز على مجموعة من السلع والخدمات كحاجات أساسية تحتاجها الفئات المحرومة من السكان ولا تهتم بالخيارات البشرية.

– منهاج الرفاهية الاجتماعية تنظر إلى المجتمع كمستفيد منها وليس كمشارك فيها.

– نظريات رأس المال البشري ركزت على الناس كوسيلة وليس كغايـة، أي النـاس أدوات لزيادة الإنتاج فقط.

– يعد نمو الناتج القومي الإجمالي ضروري ولكنه غير كاف للتنمية البشرية.

لذلك فمفهوم التنمية البشرية يعتبر البشر غاية بحد ذاتهـا، وهـي وسيلة لرفع إنتاجية البشر والاهتمام بنواحي التعليم والصحة والدخل من العناصر المهمة في تحقيـق مبدأ التنمية البشرية المستدامة. (الجابري والإمام، ١٩٩٦: ١٠٠).

وجاء التركيز على عدد مختار من المعايير بسبب الاقتصار للإحصاءات القابلـة للمقارنة، ولعدم تعقيد الصورة وجعلها مثيرة للجدل.(برنامج الأمم المتحدة الإنمـائي، ١٩٩٠ ص٢٣). والمعايير المختارة لقياس التنمية هي: معيـار الـدخل، ومعيار التعليم، ومعيار الصحة. حيث شكلت تلك المعايير بحصول الأردن على المرتبة (٩٠) عالميـاً مـن أصل(١٧٧) دولة والتاسع عربيا بعد كـل مـن البحرين والكويت والإمارات وعُـمان والسعودية ولبنان حيث صنفت الأردن ضمن دول التنمية المتوسطة وبهـذا بلغـت نسبة الإنفاق العام على التعلم من الناتج المحلي الإنمائي، ٢٠٠١م بـ(٤,٦%) وكنسبة من الإنفاق الحكومي بلغت (٢٠,٦%). (برنامج الأمم المتحدة الإنمائي، ٢٠٠٤: ١٧٢).

أولا: معيار التعليم

* أهمية التعليم:

يعد التعليم من المعايير المهمة للتنمية البشرية المستدامة، حيث تناولته أدبيات التنمية البشرية من خلال الاهتمام بتوفيره كأداة لاكتساب الثقافة، وربط التعليم باحتياجات سوق العمل، واعتبار التعليم حق إنساني وأساسي يهدف إلى تحسين وضع البشر. (القصيفي، ١٩٩٥: ٩٢).

يشتمل التعليم العالمي في العالم مختلف أنواع التعليم الواقعة في المرحلة الثالثة الكبرى، بعد التعليم الأساسي والتعليم الثانوي. وبهذه المكانة يحتل موقعاً فريداً في النظام التعليمي عند غايته القصوى. ويتزايد الاهتمام بالتعليم باستمرار منذ أواسط القرن العشرين، تيمناً بالدور الذي يمكن أن يمثله في عمليات الإنماء الوطني الاقتصادي والاجتماعي والثقافي والسياسي. ولذلك يتوالى عقد الندوات والمؤتمرات المحلية والإقليمية والدولية حول التعليم العالي والشؤون المتصلة به، ومن أبرزها في منطقتنا العربية مؤتمرات اليونسكو، والمنظمة العربية للتربية والثقافة والعلوم، واتحاد الجامعات العربية وسواها.

أما اليوم فقد أضحى التعليم العالي يكتسب مزيد من المعرفة المتطورة وتطبيقاتها، وبالتالي الحصول على مزيد من النفوذ في عصر المعلوماتية. فلم يعد الرأسمال المادي، ولا حتى الرأسمال البشري المدرب تدريباً تقليدياً، كافيين للدخول في سباق المنافسة العالمية المريرة الجارية الآن، والمتوقع قيامها مستقبلياً.

من هنا تبرز أهمية الجامعة من حيث أنها مسؤولة عن إعداد القيادات الفكرية والعلمية والأدبية والفنية والمهنية، بمختلف مستوياتها ولجميع مؤسسات المجتمع وقطاعات هذه المؤسسات وواقعها. وتعتبر الجامعة المسؤولة بشكل أساسي عن إجراء البحوث والقيام بالدراسات في جميع مجالات الحياة وفي جميع مجالات المعرفة. وللجامعة دور مهم في مجال الخدمة العامة في المجتمع، من خلال تقديم خدمات نموذجية عملية مباشرة للمجتمع من قبل أعضاء الهيئة التدريس والطلبة وبالاستعانة بمرافقها المختلفة. أن تبيان موقع الجامعة المتميز ووظائفها الأساسية لا يبرز أهميتها فقط، بل برز أيضاً ضرورة إعطائها الأولوية في عملية التطوير والتغيير، وتسلبها مسؤولية إحداثه في المجتمع، لمواجهة التخلف والتصدي للتحديات وتبرز أهمية الجامعات الأردنية بدور القيام بحل المشكلات التي تواجه المجتمع الأردني أو التصدي لها من منطلقات عربية وإسلامية.

وهذا ما كان واضحاً وبارزاً في فكر جلالة المغفور له الملك الحسين بن طلال طيب الله ثراه عندما قال في ١٩٨٠/٥/١٢م، "أن الاعتزاز بهذا الانتشار الواسع للتعليم في بلدنا لا يجوز أن يصرفنا عن تقييم السياسية التربوية في كل مرحلة" ووضع جلالة المغفور له أسساً أربعة لإعادة النظر في السياسة التربوية هي:

أولاً: علينا أن نحقق توازناً بين انتشار التعليم واتساعه من جهة، وبين مستواه ومحتواه من جهة أخرى.

ثانياً: التعليم جزء من التربية، والتربية الوطنية الصالحة هي قوام كل مجتمع ووطن.

ثالثاً: إعادة توجيه السياسة التعليمية نحو التعليم العملي النافع للمجتمع، وإيقاف الاندفاع المنفلت نحو التعليم النظري الذي لا يرتبط بحاجات مجتمعنا ومتطلباته.

رابعاً: تنظيم التعليم العالي، وتنسيق مجهوداته، ومؤسساته الكبرى في البلاد، ووضع سياسة وطنية للبحث العلمي. (محافظة، ١٩٨٨: ٧).

وهذا ما تؤكده رؤية جلالة الملك عبد الله الثاني ابن الحسين في نظرته للعملية التعليمية ككل.

* حق التعليم:

إن الحاجة إلى التعلم ضرورة من ضرورات البقاء والنماء للإنسان في أي مجتمع من المجتمعات، وفي أي زمان ومكان. ومع تطور الحضارة الإنسانية وتعقيداتها أصبح حق الإنسان في أن يتزود بقسط معلوم من التعليم المنظم والذي يعتبر من الحقوق التي نصت عليها المواثيق الدولية والتي تضمها معظم الدساتير العربية، فضلاً على ما أرسته الديانات السماوية من الحث على التعليم والتعلم، والتعليم في مجمله عمليات يتحول فيها الوليد البشري من جسم وكائن حي بيولوجي إلى كائن اجتماعي، وبه يتميز الإنسان عن بقية الكائنات الحية الأخرى. ففاعليته سلوك الإنسان يتشكل من خلال عمليات التعليم والتعلم في دائرة مجتمع الكبار. وقد يتطلب تعليمه الالتحاق بمؤسسات متخصصة في تعلم المعارف والخبرات والمهارات وأساليب التفكير والعمل وأصول العلاقات الاجتماعية وغير ذلك مما يتطلبه تعامل الإنسان مع عالم المادة وظروف الطبيعة وأحوال البشر- ومع ظهور مؤسسات التعليم

في المجتمعات قديمها وحديثها، ارتبط نوع التعليم بنوع العمل، وارتبطت فرص التعليم بالمكانة الاجتماعية وبالسلطة، ولهذا غدا التعليم رمزاً من رموز تقسيم العمل ووسيلة من وسائل التباين الاجتماعي. ولذلك جاء مبدأ تكافؤ الفرص التعليمية كقاعدة ديمقراطية في إشباع الحاجات التعليمية لدى الفرد، بما يعنيه هذا المبدأ من تنمية الطاقات البشرية، كل الطاقات ولكل إنسان، إلى أقصى ما يمكن أن تبلغه من المعرفة والخبرة والمهارة والوعي.

وبهذا إذا كان التعليم حقاً من حقوق الإنسان من الناحية القانونية، فانه واجب على الفرد وعلى المجتمع من الناحية الإيمانية، ومن هنا جاء مبدأ الإلزام في مراحل معينة من التعليم ملزماً للفرد ليعيش في مجتمع، وملزماً للمجتمع أن يوفره لأبنائه وبناته وفي جميع الحالات فإن قيمة التعليم تستمد منطقها من أن المعرفة غاية في حد ذاتها، كما أنها وسيلة لتحقيق غايات إنسانية ومجتمعية أخرى.

كما أن مبدأ تكافؤ الفرص التعليمية بين البنين والبنات قد اتخذ طريقة إلى مجالات التطبيق، إذ أخذت الفجوة بين التحاق الجنسين في التعليم تضعف تدريجياً، حتى أن نسبة الجنسين في مجموع الملتحقين بمستوى التعليم الثلاثة (المرحلة الابتدائية، والثانوية، والجامعية) قد أوشكت أن تكون متساوية في بعض الأقطار الخليجية (UNDP, ١٩٩٠, table ٩) وهذا في حد ذاته دليل على النمو المتسارع والمطرد في التحاق البنات بالتعليم في مختلف الأقطار العربية.

فحالـة التعلـيم في الـوطن العـربي، باسـتعمال معـايير مـن قبيـل معـدلات الالتحاق بالمؤسسـات التعليميـة والأنفـاق لكـل فـرد، فالبلـدان العربيـة ككـل قـد حققت إنجازات ملموسة، ولكن التقييم يكشف أيضاً عـن وجـود مجـالات هامـة بحاجة لإحراز مزيد مـن التقدم فيهـا. إضافة إلى ذلك يـؤدي عـدم الاتسـاق بـين مخرجات النظام التعليمي من جهة، واحتياجات سـوق العمـل والتنميـة مـن جهـة أخرى إلى انعزال العالم العربي عن المعرفة والمعلومات العالمية في وقت أضـحى فيه الإسـراع في اكتسـاب المعرفة وتكـوين المهـارات الإنسـانية المتقدمـة شرطـين مسـبقين لإحراز التقدم. ولمعالجة هذه القضايا وقضايا أخرى تتعلق بنوعية التعليم لا بد من توجيهات وسياسات إستراتيجية وعلى مجالات محددة لنشر التعليم وتجويده.

فعلى الرغم من أن البلدان العربية قـد خطت خطوات واسـعة في التعلـيم، خاصة منذ منتصف القرن العشرـين. إلا أن الإنجـاز التعليمـي في البلـدان العربيـة ككل، حتى بالمعايير التقليدية، لا يزال متواضعاً إذا مـا قـورن بالإنجـازات في أمـاكن أخرى في العالم، حتى في البلدان النامية. حيث لا يزال الإنجاز التعليمي الشامل بـين البالغين في البلدان العربية ضعيفاً في المتوسط، إلا أن البلدان العربية أحرزت تقدماً ملموساً في تحسين المعرفة بالقراءة والكتابة: فقد انخفض معدل الأمية بين البـالغين من حوالي (٦٠%) في عـام ١٩٨٠ إلى حـوالي (٤٣%) في منتصـف التسـعينات. ومـع ذلك،فإن معدلات الأمية في العالم العربي لا تزال أعلى مـن المتوسـط الـدولي وحتـى أعلى من متوسطها في البلدان النامية. فضلاً عن ذلك فإن عدد الأميين لا يزال في

ازدياد إلى حد أن للبلدان العربية دخلت القرن الحادي والعشرين مثقلة بعبء حول (٦٠) مليون بالغ أمي، معظمهم من النساء.

والأهم من ذلك، أن معدلات الأمية بالنسبة للفئات الاجتماعية الضعيفة، مثل النساء والفقراء، أعلى نسبياً، خاصة في المناطق الريفية. فالبنات والفقراء، خاصة في المناطق الريفية، يعانون من حرمان أشد من التعليم، خاصة على المستويات العليا. (برنامج الأمم المتحدة الإنمائي، ٢٠٠٢: ٤٦).

كما وقد اقتربت نسبة اشتراك الإناث إلى مجموع المسجلين في مرحلتي التعليم الابتدائي والثانوي من نسبة اشتراك الذكور في كثير من الدول العربية. وقد بلغت هذه النسبة في مرحلة التعليم الابتدائي إلى (٤٥%) في أكثر من (١١) دولة عربية ونفس النسبة بالنسبة للمرحلة الثانوية في سبع دول عربية، بينما لا تزال نسبة التحاق الإناث بالتعليم الجامعي متدنية في الدول العربية بحيث لا تزيد على (٢٨%) في الدول العربية ككل: بالمقارنة مع (٤٦%) في دول غربي أوروبا و(٥٦%) في دول شرقي أوروبا.

غير أن نسبة الأمية ما تزال مرتفعة بين الإناث في الوطن العربي وهذه النسبة تختلف من بلد عربي إلى بلد عربي آخر فهي ترتفع بين الإناث في كل من اليمن والسعودية والصومال وموريتانيا ومصر والمغرب والجزائر وبنسب متوسطة في بقية أقطار الوطن العربي.

أما نسبة الإعداد الطلبة الكلي لعام ٢٠٠٢/٢٠٠٣ في الجامعات الأردنية حسب الجدول التالي:

المجموع الكلي	بكالوريوس	دبلوم عالي	ماجستير	دكتوراه
٤٤٤٧٣	٤٠٢٢٤	١١٩١	٢٦٦٩	٣٨٩
ذكور ٢٢٢٧٦	١٩٦٢٩	٦٥٢	١٧١٩	٢٧٦
إناث ٢٢١٩٧	٢٠٥٩٥	٥٣٩	٩٥٠	١١٣

- المصدر: وزارة التعليم العالي والبحث العلمي، جدول رقم ٩، ٢٠٠٤.

وهذا يعني أن نسبة الإناث في المجموع الكلي بلغ ٤٩,٩% وهذه نسبة عالية من النسب الموجودة في العالم.

كما ويمكن ملاحظة نسب ارتفاع الإناث في التعليم الجامعي من ٢٨,١% عام ١٩٨٠ حتى بلغت ٣٨,٨% من إجمالي المسجلين عام ١٩٩١ في الجامعات. إلا أن التفاوت في معدلات الالتحاق بين الجنسين لا يزال قائماً. وتبلغ نسب التسجيل الإجمالية في التعليم العالي في المنطقة العربية ١٥% للذكور و٩% للإناث، وبتفصيل أكثر بلغت النسبة للإناث في دول مجلس التعاون الخليجي بين ٤٦% في المملكة العربية السعودية و٧٤,٢% في قطر عام ١٩٩١م علما بأن ٥٠% أو أكثر من الطلبة الذكور الدارسين في الجامعات السعودية والكويت وقطر والإمارات ملتحقون بمؤسسات التعليم العالي خارج بلادهم (اليونسكو، ١٩٩٤: ٢). ولربما يعود السبب في انخفاض نسب الإناث يعود لأسباب الزواج، أو العمل، أو التكلفة العالية للتعليم الجامعي بالنسبة للأسرة أو عامل الإحباط نتيجة البطالة المتزايدة بين المتعلمين وكذلك بسبب انخفاض نسبة الالتحاق للإناث بالمراحل التعليمية السابقة ما قبل

الجامعـة، مثـل الـيمن وجـزر القمـر والصـومال وموريتانيـا (برنـامج الأمـم المتحدة الإنمائي، ١٩٩٧).

* المناهج التعليمية:

تلعب المناهج التعليمية دوراً بارزاً في إعداد الفرد وتنميته، فالمناهج هي الوسـيلة الفاعلة من بين وسائل التعليم المختلفة التي تترجم الفلسفات والسياسات التعليميـة إلى واقع حياتي قد يختلف النـاس عليـه لاخـتلاف توجهـاتهم وآرائهـم ومطـالبهم، بالإضـافة لاختلاف الفلسفات والأهداف التعليميـة في تلـك المجتمعـات. فقـد يركـز مجتمـع عـلى أهداف تتمثل في التنمية الثقافية أو البناء القيمي والاجتماعي. كما قد يهتم مجتمع ثاني بالتنمية الاقتصادية من حيث تحسين أوضاع الفرد كمنتج، أو يرى مجتمع آخـر بضرـورة اخذ لكل الجوانب في الاعتبار. فإعداد وتأهيل الأفراد للإنتاجية الاقتصادية يجب ألا يقـل شأناً عن الاهتمام بالمجال الاجتماعي المتمثـل في تماسـك الأفـراد، أو العمـل بمبـدأ تكـافؤ الفرص للمجتمع. (الشراح، ٢٠٠٢: ٤٣٥).

كما وتركز الاتجاهات العالميـة في التعلـيم عـلى شـمولية التعامـل مـع قضـية إعداد الأفراد. وهي قضية محورية للتنمية ومهمة، خصوصاً عند التخطيط للمنهـاج الذي يهدف إلى الاهتمام بالكليات والجزئيات، لهذا تعد المناهج التعليمية الوسـيلة الناجحـة باعتبارهـا الأداة والفلسـفات الفعالـة بيـد التربـويين. ويجـب أن تسـتثمر بشكل جيد من قبل النظام التربوي بهدف أن تحدث تغييراً واضحاً في المجتمع. فإذا كانت المناهج تعبر عن المجتمع وآماله في التربية فإن هذه المنـاهج هـي الأداة بيـد التربية للتعبير عن هذا الاتجاه. وعندما تكون

المناهج أداة فاعلة فإنها تكون قادرة على تغيير كافة جوانب النظام التعليمي. لكن هذا يتطلب وعياً ورؤية في تطوير هذا الاتجاه. (الشراح، ٢٠٠٢: ٤٣٦).

ويقصد بالمنهج (Content) بشكل عام بأنه منظومة شاملة تربط وتفصل عناصر التعليم بطريقة معينة تؤدي في النهاية إلى التغيير المطلوب في المتعلم. وحسب مفهوم شمولية المنهج فإن المدرسة تعتبر البيئة المناسبة التي من خلال ما تقدمه من أنشطة متنوعة متمثلة في المعارف والمهارات والاتجاهات تشكل عناصر التربية المؤثرة في حياة المتعلم، والتي إذا أحسن التعامل معها أمكن المساهمة في التطوير والتنمية المستدامة. (رضا، ١٩٧٥: ٩٧).

* الإنفاق على التعليم:

يعكس الإنفاق على التعليم بطبيعة الحال مدى الاهتمام بالتنمية البشرية باعتباره المعيار الرئيسي في الدلالة على ما يوليه المجتمع من أولوية لهذا الجانب المهم من الوفاء بحاجات أفراده وحاجات نموه حاضراً ومستقبلاً. ويتضمن الاستثمارات الرأسمالية في المباني، والأثاث والتجهيزات والمعامل والوسائل التعليمية، كما يتضمن الإنفاق الجاري الذي يشمل رواتب وأجور المعلمين والجهاز الإداري والتخطيطي والإشراف على المستويين المركزي والمحلي إلى غير ذلك من نفقات الماء والكهرباء والقرطاسية والمساعدات المالية واحتياجات الصحة المدرسية. ومن الملاحظ أن النصيب الأكبر من نفقات التعليم بشطريها الاستثماري والجاري أنها تتحمله الدولة، ولا يتحمل القطاع الخاص إلا نصيباً محدوداً من هذه النفقات، مع تفاوت هذا النصيب بين الأقطار العربية، وبين

مستويات التعليم وأنواعه المختلفة وللتعرف على ما يبذل من مجهود في القطاع التعليمي جرت العادة على اتخاذ معيارين رئيسين لهذا الغرض هما:

١. نصيب الإنفاق على التعليم (الاستثماري والجاري) في سنة ما من الناتج القومي الإجمالي في تلك السنة.

٢. نصيب الإنفاق على التعليم (الاستمراري والجاري) في سنة ما من الموازنة العامة للدولة في تلك السنة. (عمار، ١٩٩٢: ١٦٤).

كما أن الإنفاق على التعليم فقد أشارت البيانات إلى أن نسبة الزيادة في الإنفاق على التعليم في العالم العربي قد بدأت تتضاءل بعد عام ١٩٨٥م. فقد زاد الإنفاق على التعليم، في الأسعار الجارية من (١٨) بليون دولار أمريكي في ١٩٨٠م إلى (٢٨) بليون دولار أمريكي في عام ١٩٩٥م. إلا أن معدل الزيادة منذ عام ١٩٨٥م كان أيضاً كثيراً مما كان عليه أثناء الفترة من عام ١٩٨٠م إلى عام ١٩٨٥م، وهذا خلاف لما هو عليه الحال في البلدان المتقدمة النمو والبلدان النامية على حد سواء. (برنامج الأمم المتحدة الإنمائي، ٢٠٠٢: ٥٠).

كما وأن بلدان الوطن العربي تواجه خطر انقسام نظم التعليم في البلدان العربية إلى قسمين لا يملك أحدها للأخذ بأحدهما. تعليم خاص مكلف جداً تتمتع به الأقلية الميسورة الحال وتعليم حكومي سيئ النوعية للأغلبية وحتى هذا الأخير قد يكون مكلفاً للفئة الأسوأ حالاً في ضوء سياسات استرداد التكاليف التي اعتمدتها بعض الدول العربية في سياق برامج التصحيح الهيكلي، واستثراء ظاهرة الدروس الخصوصية التي أصبحت لا غنى عنها للحصول على علامات مرتفعة في الامتحانات العامة المؤهلة للالتحاق بالتعليم العالي، خاصة مساقات

المؤدية لمستقبل مهني وحياتي أفضل؛ وقد ترتب على ذلك أن كادت هذه المساقات الدراسية أن تكون حكراً على أبناء الطبقات الميسورة الحال. وهكذا بدأ التعليم يفقد دوره الهام بوصفه وسيلة للصعود الاجتماعي في البلدان العربية. (برنامج الأمم المتحدة الإنمائي، ٢٠٠٢: ٥٠).

وينتج عن ذلك وجود دلائل عديدة تدل على تناقص الكفاءة الدخيلة للتعليم في العالم العربي، كما تتبدى في ارتفاع نسب الرسوب وإعادة الصفوف الدراسية الأمر الذي يؤدي إلى إنفاق فترات زمنية أطول في مراحل التعليم المختلفة. إلا أن المشكلة الأخطر تكمن في مدى جودة التعليم. فعلى الرغم من قلة الدراسات المتوفرة، فإن الدلائل والمعايير كثيرة تدل على تردي نوعية التعليم في بعض البلدان العربية من خلال تدني التحصيل المعرفي وضعف القدرات التحليلية والابتكاريه، بالإضافة إلى وجود خلل جوهري بين سوق العمل ومستوى التنمية من ناحية أخرى، ينعكس على ضعف إنتاجية العمالة، واحتلال هيكل الأجور بما في ذلك، وهذا العائد الاقتصادي والاجتماعي على التعليم في العالم العربي؛ بالإضافة أيضاً إلى وجود قلق كبير يدل على عدم قدرة التعليم على توفير متطلبات تنمية المجتمعات العربية. وهذا قد لا يعني فقط أن التعليم قد فقد قدرته على توفير دخل للفقراء للصعود اجتماعيا، بل أن البلدان العربية أيضا أصبحت معزولة عن المعرفة والمعلومات والتقنية العالمية. في وقت أصبح من الضروري والهام جداً الإسراع في اكتساب المعرفة وتكوين المهارات الإنسانية المتقدمة شرطين مسبقين لتحقيق التقدم، لذلك فإن تدني قدرة التعلم على توفير متطلبات التنمية.

سيؤدي ذلك إلى عواقب وخيمة في عملية التنمية البشرية المستدامة، لذلك فإن اتخاذ إجراء شامل لإصلاح نظم التعليم مسألة ملحة.(برنامج الأمم المتحدة الإنمائي،٢٠٠٢: ٥١).

والإنفاق على التعليم له خاصيتان: إنفاق استهلاكي وإنفاق استثماري. فالتعليم الاستهلاكي يتمثل بالمنافع غير المحسوسة التي تنعكس على المتعلم عند وجوده في المدرسة وتلقيه للعلم وجانب آخر استهلاكي مستقبلي يتمثل بجعل حياة المتعلم المستقبلية أكثر فائدة ورضاء، أما الاستثماري من التعليم فهو يساعد على إحداث دخل مستقبلي من خلال تزويد القوى العاملة بمهارات ومعارف تجعلهم قادرين على زيادة طاقاتهم الإنتاجية، وكذلك إحداث عوائد خارجية من خلال التغيير والتطوير الاجتماعي والثقافي واتساع الأفق الذي يحدثه التعليم في المجتمع. (Meior: ١٩٧٦،٤٨١).

* التحديات التي تواجه التعليم:

تظل المناهج التعليمية مطالبة بمعالجة مشكلات التعليم المتفاقمة سواء أكانت هذه المشكلات ناتجة عن تخلف المناهج أم الضعف في العناصر الأخرى في النظام التعليمي. وإلقاء مشكلات التعليم المختلفة على المناهج ناتج من الاعتقاد بان المناهج تشكل صدارة وواجهة عريضة للعملية التعليمية. لكن تدهور النهضة الاجتماعية والاقتصادية والسياسية عند الكثيرين راجع في نظرهم لتخلف المناهج. إلا أن المهم هو الإدراك بأن هناك جملة من التحديات أمام المناهج يجب وضعها في الاعتبار ووضع إستراتيجية العمل للتغلب عليها من خلال التخطيط السليم للمناهج، ومن ابرز هذه التحديات:

١. التخطيط الهادف للمناهج بربط النظرية بـالتطبيق والقـدرة عـلى التنسيـق مع خطط التنمية بهدف الوفاء باحتياجاتها ومتطلباتها. فـلا يجوز الفصـل بين المناهج والخطط التنموية بالشكل الذي يفقدهما الـترابط والتكامـل ثـم تضعيف آليات العمل فلا تستطيع المناهج أن تلبي حاجات التنمية المتمثلة في إعداد الفرد وتأهيله بالشكل الذي يستطيع أن يساهم في بنـاء مجتمعـه. والمناهج لها مكانة رفيعة في أنظمة التعليم المتقدمة باعتبارها مسؤولة عـن جـودة التعليـم (Quality of Education) وكفاءتـه. لـذلك مـا تقدمـه المناهج من برامج وأنشطة تعليمية على المستويين التعليم العام والتعليم الجامعي مواجهة لحاجات الفرد والمجتمع تصبح المقومات الأساسية لتلبيـة حاجات التنمية من الخريجين للوظائف والمهن.

٢. تساهم المناهج في التنمية الثقافيـة ورفع المستوى العلمـي والتكنولـوجي والفكري للأفراد. فالثقافة لا تقصر على المعرفة فقـط بـل تتضمـن العـادات والتقاليـد والميـول والاتجاهـات والقيـم والمهـارات. والحقيقيـة أن الثقافـة تشمل كل ما بناه الإنسان عـبر تاريخـه. ومـا لم تلـب المنـاهج الاحتياجـات الثقافية فإن الفجوة بين الثقافة والتعليم ستتسع مـما يعـين حـدوث جملـة من التـداعيات المتمثلـة في الاختـلالات الاجتماعيـة والثقافيـة والاقتصـادية. والتحدي هو في كيفية التفاعل مع عالم يعيش ثورة الإنسان الذاتية الثقافية، وآدميته وعلاقاته البشرية والتماسك الاجتماعي (الشراح، ٢٠٠٢: ٤٤٥).

٣. إن الطموحات الاجتماعية والاقتصادية المحيطة تؤدي إلى زيادة معدل الرغبة في التعليم التي تتضمن الرغبة والحاجة الأكيدة للتغيير الجذري.

٤. مشكلة عدم الكفاءة في الإدارة والأساليب الفنية التعليمية، فعدم كفاءة المدارس راجع للانفصال بين المناهج الدراسية وحاجات المجتمع. (بدارنة، ٢٠٠٠: ١٠١).

٥. القدرة على مواكبة المناهج لحركة التبدلات الاجتماعية والسياسية والفكرية في المجتمع ضمن السياق الاجتماعي المقبول غالباً ما تصطدم بالمعوقات. فضلاً عن تأثير المناهج بالأيدلوجيات القائمة والمتصارعة في المجتمع. ففي معظم الدول النامية نجد أنظمة التعليم تساير مطالب السلطة السياسية التي تنتقل أفكارها ومبادئها إلى النظام التعليمي بهدف تغيير الناس وتطبيعهم وكسب الولاء للسلطة. لذلك، فإن صياغة المناهج في هذه المجتمعات تبدأ من السلطة السياسية، ونادراً ما يشارك الناس فيها وخصوصاً غياب الهيئات العلمية والشعبية عن المشاركة مما يؤدي إلى فقدان المناهج للدعم الجماهيري Public support.

٦. تطوير المناهج Curriculum Development في أغلب الأحوال لا يتم وفق النظرة الشمولية لكل عناصر المنهج من معلم وطرق تدريس ومحتوى وأدوات ووسائل وتقويم والتي تؤثر كلها مجتمعة في الطالب. فالدراسات العديدة حول المناهج التعليمية في الدول العربية تكشف لنا أن معظم عمليات التطوير تحدث عادة لعنصر أو أكثر ويشكل مجزأ من

دون دراسة للروابط والتكامل بين الأجزاء التعليمية بعكس الدور البارز في التنمية البشرية.

٧. تطوير المناهج عملية له أصوله التخطيطية والتنفيذية. ففي غياب هـذه الأصول يفقد التجديد معناه ويصبح بلا هـدف ومحتوى. فمـن الأصول أن يركز إصلاح المناهج على نتائج البحوث التربوية. Educational Research Outcomes سواء تلك التي تتناول احتياجات التنمية الشاملة ومشكلاتها الحاضرة والمستقبلية أو التـي تتنـاول واقع التربيـة مـما يعين على تحديـد مسارات التجديد وأولوياته.

٨. علاقة المناهج بخصائص العصر وسماته تتطلب فهـماً دقيقاً لعلاقـة الإنسـان بهذه الخصائص المتغيرة. فمن غير المعقول أن يسعى واضعو المناهج من دون أن يبحثوا في خصائص هذه العصر والذي تميز بأنه عصر العلوم والتكنولوجيـا والمعلومـات وشبكات الاتصال والإنترنت، وهـذه سـمات تشكل تحديات ضخمة للمناهج أو للعملية التعليمية ككل. فالعناية بـالعلوم والتكنولوجيـا والمعلومات يجعل التعليم متوجهاً نحو قضايا هذه الميادين بـالتركيز على تنمية القدرات الابتكارية والعلمية وعلى أسلوب التفكير العلمي Scientific Thinking، بالإضافة إلى تميز هذا العصر بسمة العولمة التي تتطلب أن تكون المناهج أكثر تجاوباً مع مفاهيم التعاون الدولي.

٩. أكثر أدوار المناهج تحديدا تلك التي تقع في ميدان العمل عـلى محاربـة البطالة بين الشباب، وربط التعليم بالعمل والإنتاج. فهناك فجوة بين

برامج التعليم الجامعي وحاجات سوق العمل. كما شهد الأردن ارتفاعاً في معدلات البطالة خلال السنوات القليلة الماضية، فقد كان معدل البطالة بنسبة إلى إجمالي القوى العاملة الأردنية في المملكة ٣,٩% عام ١٩٨١م، ارتفع إلى ٨,٩% عام ١٩٨٨م، ثم إلى ١٦,٨% عام ١٩٩٠م، ثم ارتفع إلى ١٧,١% عام ١٩٩١م، وقفز إلى ١٨,٨% عام ١٩٩٣م، ثم انخفض إلى ١٥,٨% عام ١٩٩٤م، ثم إلى ١٤,٣% عام ١٩٩٥م. (التل، ١٩٩٨: ٤٤٠).

أما أبرز المشكلات التي تواجه التعليم في الأردن، فقط ارتبط ذلك من خلال ربط التعليم العالي باحتياجات المجتمع وسوق العمل ببعدين أساسيين البعد الكمي المتعلق بإعداد المقبولين في الجامعات وكليات المجتمع، وأعداد الخريجين، وملائمة هذا العدد لحجم سوق العمل، والبعد النوعي المتعلق بملائمة الخريجين لمتطلبات العمل، وهذا يتعلق بدوره بنوعية البرامج التعليمية ونوعية الخريجين:

١. البعد الكمي:

ينمو عدد السكان في الأردن بنسبة تراوح ما بين ٣,٢ % - ٤,٨ % وهي من أعلى النسب في العالم، كما أن إعداد المتقدمين لامتحان الثانوية وأعداد الناجحين فيها يزداد عاماً بعد عام، نظراً للزيادات المرتفعة في معدلات النمو السكاني، إلا أن إعداد المقبولين في الجامعات الرسمية ثابتة إلى حد ما. وهذا يؤدي بدوره إلى انخفاض النسبة العامة للمقبولين بالنسبة إلى عدد الناجحين ومع

ذلك فإن الإحصائيات تشير إلى العدد الكلي للمسجلين في الجامعات الرسمية والأهلية ارتفع من (٣٩٦٤٩) طالباً وطالبة للعام الدراسي ١٩٩٠/١٩٩١م إلى (٦٩٢٦٧) طالباً وطالبة للعام الدراسي ١٩٩٤/١٩٩٥م أي بنسبة زيادة كلية مقدارها (٥٨%).

ومن خلال إحصائيات ديوان الخدمة المدنية لعام ١٩٩٥م فقد تبين ما يلي:

١. بلغ عدد طلبات التوظيف الجديدة والمجددة لدى الديوان لعام ١٩٩٥م (١١٦٨١٣) منهم (٦٥٢٢٥) للإناث، أي بنسبة ٥٥,٨% من مجموع الطلبات.
٢. بلغ عدد حملة الشهادات الجامعية (بكالوريوس فأعلى) (٣٨٩٤٦)، منهم (١٥٦٠١) طلب استخدام من الإناث، ويشكل ما نسبته ٤٠% من مجموع الجامعيين المتقدمين بطلبات استخدام.
٣. بلغ عدد حملة شهادة الدبلوم لكليات المجتمع (٦٣٨٢١)، منهم (٤٣٦٧٩) طلب استخدام من الإناث، وشكل ما نسبة ٦٨,٤% من مجموع طلبات حملة الدبلوم.
٤. بلغ عدد حملة الثانوية العامة (١٤٠٤٢)، منهم (٦٩٤٢) من الإناث، وشكل ما نسبة ٤٢,٣% من مجموع طلبات الاستخدام المقدمة من حملة الثانوية العامة.
٥. بلغ عدد الذين تم تعيينهم من خلال عام ١٩٩٥م (٤٦٦٨) من مجموع المتقدمين بطلبات توظيف وعددهم (١١٦٨١٣) أي بنسبة ٤% فقط وكانت نسبة الإناث من مجموع المعينين ٤٤,٢٨%.

٦. بلغ عدد حملة الشهادات الجامعية الذين تم تعيينهم (٣٨٠٤) من مجموع حملة الشهادات الجامعية المتقدمين بطلبات توظيف وعددهم (٣٨٩٤٩) أي بنسبة (٩,٧%) فقط.

٧. بلغ عدد حملة شهادات دبلوم لكليات المجتمع الذين تم تعيينهم (٧٩٣) من مجموع حملة دبلوم الكليات المجتمع المتقدمين بطلبات تعين وعددهم (٦٣٣٢١)، أي بنسبة ١,٢٤% فقط. (التل، ١٩٩٨: ٤٤٦).

١. البعد النوعي:

يرتبط البعد النوعي لنواتج التعليم الجامعي وعلاقته بسوق العمل بقضيتين أساسيتين هما: نوعية البرامج التي تقدمها الجامعات وكليات المجتمع، وملائمة محتوى ومناهج هذه البرامج مع متطلبات العمل. كما يمكن تسجيل بعض الملاحظات التالية:

أ- هناك تكرار ملحوظ للبرامج الدراسية التي تقدم على مستوى البكالوريوس. فعلى سبيل المثال، تدرس اللغة العربية وآدابها في (١٢) جامعة رسمية وأهلية، وتدرس اللغة الإنجليزية وآدابها في (١٣) جامعة، وتدرس الحقوق والقانون في (١٢) جامعة والمحاسبة في (١٣) جامعة والاقتصادي في (٩) جامعات وإدارة الأعمال في (١٢) جامعة والرياضيات في (١٠) جامعات. أن هذا الأمر يدل بشكل واضح على انعدام التنسيق بين الجامعات في طرح التخصصات، وعدم قدرة مجلس التعليم العالي على ممارسة أهم واجباته بشكل فعال، إلا وهو الموافقة

على فتح التخصصات أحد أهم الأسباب وراء إغراق سوق العمل بأعداد كبيرة من الخريجين غير القابلين للتسويق.

ب- أن محتوى المناهج والبرامج المختلفة التي تطرحها الجامعات الأردنية تكاد تكون متطابقة ويندر أن تتمايز الجامعات فيما بينها في هذا الأمر.

ج- على الرغم من أن هناك تغييرات ملحوظة في الخطط الدراسية عبر السنوات فإن هذه التغيرات غير كافية، للتغير في حاجات المجتمع الأردني، ولم تواكب بصورة فاعلة التغيرات المعرفية والتكنولوجية السريعة. (التل، ١٩٩٨: ٤٥٠).

كما ويمكن إجمال أهم التحديات أو المشكلات التي تواجه أنظمة التعليم في البلاد العربية بشكل عام والأردن بشكل خاص ما يلي:

١. غياب القواعد المنظمة لبناء وتنفيذ المناهج الدراسية.
٢. ضعف ارتباط المناهج بالخطة الإنمائية، والخلل في التنسيق بين القطاع التربوي وقطاع التخطيط العام للدولة أدى إلى اختلالات في الربط بين التعليم وعالم العمل والإنتاج.
٣. ضعف ارتباط المناهج بأهداف تنمية القوى البشرية أدى إلى انخفاض مستوى الخريجين في الكليات العلمية وعدم قدرتهم على استيعاب التقدم العلمي والصناعي للمجتمع.
٤. الاختلالات في تلبية المناهج لمطالب نمو الطلاب من حيث إشباع حاجاتهم، وحل مشكلاتهم، وتنمية ميولهم واهتماماتهم واتجاهاتهم.

٥. التركيز على الامتحانات، وتمحور طرق التدريس نحو التلقين والحفظ والتركيز في أدنى مستوياتها.

٦. غياب أساليب التدريس التي تعتمد على التعلم الذاتي، وتنمية المهارات والقدرات التفكيرية والعلمية، وضعف توافر الوسائل والتقنيات، والتركيز على التدريس النظري البعيد عن التجارب والتفاعل. (الشراح، ٢٠٠٢: ٤٧٩).

هذه المشكلات وغيرها قيود واضحة على قدرة النظام التعليمي تجاه تحقيق التنمية البشرية، والعلاقة بين المناهج والخطط التنموية علاقة قيادية حيث تجسد فيما تقدمه المناهج من معارف ومهارات واتجاهات تودعها في الإنسان بالشكل الذي تتيح له فرص العمل والإنتاج والتكيف والتفاعل مع حاجاته وحاجات المجتمع الذي يعيش فيه.

ويشير عدد من الدراسات إلى أن أعلى كفاءة للنظام التعليمي الجامعي هو في كليات العلوم الطبية إذ بلغ المعدل العام حوالي (٨٥%) ثم الهندسة حوالي (٨١%) في جامعات (٦) دول عربية (الأردن، مصر، العراق، سوريا، الكويت، تونس)، بينما كانت الكفاءة حوالي (٤٨%) في كليات العلوم الإنسانية والاجتماعية. كما أن أعلى نسبة من الخريجين بالنسبة لإجمالي عدد الطلبة المتخرجين في تخصصات العلوم والطب والهندسة والزراعة والاقتصاد والإدارة والعلوم الإنسانية والاجتماعية في الدول الست السابقة كانت (٨,٩%) في العلوم و(٩,٣%) في الطب و(١٢,٦%) في الهندسة. (القاسم، ١٩٩٠: ١٥٧).

هذه النسب السابقة لمخرجات التعلم الجامعي تـدل عـلى التوجـه الكبـير للطلبة لدراسة المجالات الإنسانية والاجتماعية، وهذه صلتها بحاجات سوق العمل طيبة لا تشكل أولوية مطلقة في عـالم يتنـافس علميـاً وتقنيـاً ومعلوماتيـاً، ويتوجـه سوق العلم فيه نحو الاعتماد على العمالة الفنية والمهنية. هذا مما يعكس عـلى أن خريجي الشهادات الجامعية في ميادين العلوم الإنسانية والاجتماعيـة تشـكل عبئـاً على الاقتصاديات الوطنية. إذا أزمة التنمية البشرية في علاقتها بالمنهاج ليست فقط أزمة تعليمية وإنما هي أزمة تنموية تتصل بالأوضـاع المحليـة والعالميـة. (الشراح، ٢٠٠٢ :٤٨٣).

* مخرجات التعليم والتنمية البشرية:

يتمثل الجانب المعرفي بالتعليم على أنـه منظومـة لهـا مـدخلات ومخرجـات فـإن هـذه المنظومـة يجب تنضـم بحيـث تكـون قـادرة عـلى إنتـاج المخرجـات (Outputs) المطلوبة تحت ظروف المدخلات (Inputs) معينة كما يجب على هذه المنظومة أن تستجيب في أقصر وقت للتغذيـة الخلفيـة أو الراجعـة (Feed Back) التي تقارن المخرجات بالمتطلبات ولتصحيح هذه المنظومة يجب تحديد المتطلبات التي تتوقف على السياسات والاستراتيجيات والخطط وتحديد هذه المتطلبات ليس أمراً سهلاً فهي تتوقف على عوامل عديـدة واتخـاذ قـرارات رشـيدة وعـلى إمكانيـة تنفيذ تلك القرارات. وهذه بالتالي تتوقـف عـلى العوامـل الاقتصادية والاجتماعيـة والسياسية التي تسود المجتمع وعلى الرؤية المستقبلية المبنية على إمكانيات فعلية.

فمنحى النظم في التربية عبارة عن مجموعـة مـن الأجزاء التـي تعمـل مـع بعضها البعض بطريقة متناسقة لتحقيق مجموعة مـن الأهداف ويتكون النظام التربوي - وفق منحى النظم- من المكونات التالية:

- المدخلات: وتمثل مجموعة من الفلسفات الاجتماعيـة والاقتصادية، والفلسفة التربوية وكذلك الاستراتيجيات والتشريعات والقوانين والمعلمـون والمناهج الدراسية والطلاب والتمويل.

- العمليات: وتتمثل بـالإدارة التربويـة والإشراف والتوجيـه التربـوي وكـذلك النشاطات التربويـة والامتحانـات والاختبـارات والتقـويم، وطرائـق التـدريس، والتفاعل المدرسي.

فمخرجات التعليم "عبارة عن سلوكيات متنوعة متباينة، منها مـا هو مرغوب فيه بشدة ومنها مـا هـو غيـر مرغوب فيه". ومـع تزايد أعداد خريجي الدراسات الجامعية والثانوية العامة في المملكة الأردنية الهاشمية سنة بعد أخرى، وتناقص قـدرة التعليم الجامعي على استيعاب جميع المتقدمين إليه، يبرز تسابق مهني بين الطلاب للحصول علـى أمـاكن بـالتعليم الجامعي بصورة ملفتة للانتباه، وكان لعـدم قـدرة الجامعات على الاستيعاب الكامـل جملة مـن الآثار السلبية على التعليم الثانوي والجامعي معـاً. فضلاً عـن انعكاسـاتها السـيئة، والنفسية والاجتماعيـة عـلى الفرد. فالجامعة لا تستطيع قبول كـل مـن تقـدم إليها لأسباب مادية ومكانية وعلمية، والطالـب لا يـرضى ببدائل أخرى اقل مـن التعلـيم الجامعي الـذي ينتهـي بشهادة البكالوريوس أو الدرجة الأولى الجامعية حيث يرى نفسه بحصوله على هذه الشهادة أنه حقق طموحاته في التعلم والعمل،

وبالوجاهة الاجتماعية(Social Prestige). وأمام إشكالية الالتحاق بالجامعة، يجب ممن لا يستطيع مواصلة الالتحاق أنه لا يفقد الأمل في مواصلة التعليم، وقد يشعر بالمهانة والإحباط وقلة الأمل في مواصلة التعليم، ولمن لا يخالفه الحظ في مواصلة تعليمية لا يجد أمامه مخرجاً سوى التفكير في الانخراط في العمل أو التدريب على مهنة معينة أو ما يسمى ضمن برنامج التدريب المهني (Vocational Training)، (الشراح، ٢٠٠٢: ٢٤٦). حيث بلغ عدد الطلبة المقبولين في الجامعات الأردنية سواء الرسمية أو الأهلية لعام ٢٠٠٢/٢٠٠٣ وللدرجات العلمية (بكالوريوس، دبلوم عالي، وماجستير، ودكتوراه) بلغ (١٥٩٢٣٢) وكافة المراحل (سنة أولى وثانية وثالثة ورابعة). (وزارة التعليم العالي، ٢٠٠٢، جدول ١٥).

كما أن خريجي تلك الجامعات أو ما دون ذلك تعد مشكلة تخطيطية بالدرجة الأولى تتحملها أجهزة التخطيط التربوي والتنموي، ففي غياب تنويع التعليم الثانوي بشكل خاص (Decertification of Secondary Education) وإعداد البرنامج التعليمي دون مراعاة للفروق الفردية أدى إلى حب المجتمع في قالب واحد بغض النظر عن الاختلافات في القدرات والميول والاتجاهات، مما نتج عنه هدر بشري لشباب لا يستطيع مواصلة تعليمه الجامعي، وفي الوقت نفسه لا يمتلك المهارات اللازمة لمزاولة أي عمل، ثم ينعكس على انتشار البطالة بين المتعلمين لعدم قدرة السوق على استيعاب كافة الخريجين، ويدل على ذلك أن العدد الإجمالي الطلبات الجديدة والتي قدمت لديوان الخدمة المدنية من مختلف المؤهلات العلمية خلال الفترة من

(٢٠٠٣/١/١) ولغاية (٢٠٠٣/١٢/٣١) ما يقارب (٣١٦٨٠) طلباً. بالإضافة إلى إجمالي الطلبات السابقة التراكمية لغاية ٢٠٠٣/١٢/٣١ فقد بلغت (١٧٠٥٩٧) طلباً وبلغت نسبة الإناث ٦٣,٦٤% أي بواقع (١٠٨٥٦١) متقدمة (ديوان الخدمة المدنية،٢٠٠٣،جدول١).

كما أن هلا شك أن التعليم بكافة مراحله له أهمية بالغة في التنمية بخاصة بالربط بين التعليم والتنمية البشرية المستدامة، وخصوصاً تلبية الحاجات الاقتصادية. فيعتبر ميدان خصب ومرحلة مناسبة لإعداد اليد العاملة المنتجة التي يحتاجها السوق. ولعل التطور الكبير في التعليم والذي اجتاح العالم جاء استناداً إلى ظهور مفاهيم جديدة مثل التعلم المفرد (Individualized Learning) والتعليم المستمر والتعليم الصناعي والتكنولوجي، وربط التعليم المهني بالعمل وغيرها. فاستقراء الأوضاع الراهنة للتعليم ومشكلة الربط بسوق العمل في الدول النامية ينذر بعدد من المخاطر إذا لم تستدرك هذه الدول مشكلات أوضاعها التعليمية، ولربما يعود ذلك إلى عدم ملائمة مناهج التعليم الحالية لاحتياجات السوق، وتركيز الجامعة على التحصيل، ثم تدني مستوى التحصيل والزيادة في العرض على السوق مقابل القلة في الطلب من مخرجات التعليم الجامعي، خصوصاً أنها في تزايد مستمر.

وهذا ينعكس سلباً على التوظيف (Employment) حيث لا يمكن التوقع بمدى عمقها، إلا أنها تشكل هاجساً لدى الجميع وخوفاً مستقبلياً دائماً. ففي الأوضاع الراهنة نجد أن التوظيف يأخذ الحيز الأكبر في فكر

الخريجين، ويزيد من حجم الخريجين وترهله، ويعكس أخطار اجتماعية وأمنية نتيجة الاختلالات في التركيبة السكانية. ويبدو أن مشكلة العمالة والتوظيف لا تعالج كلياً إلا بتغيير أساليب التخطيط المتبعة، وبضرورة أن ينحى التخطيط منحاً علمياً جاداً وبطرية شمولية. حيث يلاحظ أن نسبة اللذين تم تعيينهم ومن أسس وقواعد انتقاء وتعيين الموظفين، في مختلف الأجهزة الحكومية لعام ٢٠٠٣ ما مجموعه (٧٦١٢) موظفاً وموظفة بلغت نسبة الإناث منهم(٤٦,١٤) أي بواقع (٣٥١٢) موظفة، فالوظيفة العامة لا تعني استهلاك الثروة وإنما إنتاجها والمحافظة عليها. ولن تستقيم الأمور إلا بالتخطيط الاستراتيجي الذي يضع توجهاته على أساس ترشيد الإنفاق، وتقوية الاقتصاد، وتفعيل دور المؤسسات الحكومية والأهلية، وبجانب التنمية الاجتماعية والثقافية على مسار استشراف المستقبل. (ديوان الخدمة المدنية، ٢٠٠٤: ٢٣).

* الثقافة والتنمية البشرية:

ترتبط الثقافة بالعلم بروابط وثيقة، وخصوصا في عصرنا الحاضر، التي تعمل فيه مع العلم ومن أجله، في كل ضرب من ضروب نشاطها، والعلم أصبح بدوره الآن مستعدا لقبول ما تقدمه له الثقافة من عون، فهو يتآزر معها من أجل خدمة الوظيفة المشتركة للثقافة بشكل عام .

والثقافة تعني صيغة من العلوم والتكنولوجيا والمعرفة الإنسانية التي يتميز بها الناس في المجتمع، أو عبارة عن أنماط سلوك الناس وأساليبهم في معالجة المشكلات التي يواجهونها في حياتهم داخل المجتمع، وعرفت أيضا بأنها مجموعة

مـن الأفكـار والمعلومـات والمفاهيـم والعـادات والتقاليـد والمهـارات والقوانيـن
والأنظمة وأساليب المعيشة وطريقة الحياة التي يتفق عليها الناس في المجتمع.

وكذلك ترتبط الثقافة بالتنمية البشرية ارتباطا وثيقا. فكلما ازدهـرت الثقافـة
ارتفعت معدلات التنمية البشرية، لذلك فالثقافة في أي مجتمع صفة دالة على التنمية.
ولقد احتار الكثيرون في صيغة تحديد معناها كما ورد سـابقا، كـما أن تصورات النـاس
عن الثقافة تتباين تبعا لنوع المعتقدات والآراء التي يحملونها. فيلاحظ أن علمـاء
الاجتماع والتربية بصفة خاصة يرون أن الثقافة تعني كل ما صنعه الإنسان في ماضيه
وحاضره كدعائم لصناعة ثقافة المستقبل. فهـي تشمل اللغة والعـادات والتقاليـد
والمؤسسات الاجتماعية والمفاهيم والأفكار والنشاطات المتعددة وغيرها.

كما يمكن تقسيم الثقافة إلى ثقافة ديناميكية أو الثقافة المتغيرة (Dynamic
or changing) والنوع الثاني الثقافـة الجامـدة (Static or stationary) والثقافـة
الديناميكية هي الثقافة المتعددة التي نجد فيها أكثر المتغيرات والتي لا تنعزل عـن
الأحداث والتطورات المختلفة. وتتصف بارتباطها بالمستقبل حيث تسعى من خـلال
الخطط أن تنفتح على العالم فتتفاعل معه أخـذاً وعطاءً. وعـادة مـا يقاس تقدم
الإنسان أو المجتمع بالمستوى الثقافي. لذلك؛ فالثقافة تساعد على التمييز بين التقدم
والتأخر عند الأفراد والجماعات والمجتمعات. فقد يقال هذا إنسان متخلـف ثقافيا
أو أن هذا المجتمع متخلف ثقافيا عن مجتمع آخر باعتبـار أن الثقافـة تركب مـن
عناصر مختلفة ومعقدة بعضها فكري وبعضها سلوكي وبعضها مادي. كذلك يختلط
على

الناس معنى المثقف بالربط مباشرة بالفرد الـذي تخصص في ميـدان مـن ميادين المعرفة، فكلما زاد علما في تخصصه اعتقد أنه زاد ثقافة. فإن هـذه الحالـة توضح أن الثقافة تعني التعلم. (تامسون وآخرون، ١٩٩٧).

كما أن من المعروف أن الثقافة لها استمراريتها ولا تتوقف عند مرحلة زمنية أو في بيئة جغرافية معينة، فالثقافة تستمر بعد مـوت الإنسـان وتنتقل مـن جيـل لآخر لأن الثقافة لصيقة بكل فرد ومجتمـع تميزه عن غيره. أما إذا كـان الانفتـاح الثقافي قضية مهمة لكل مجتمع والنقل الثقافي أمراً مرغوبا فيه فإن المحاذير واجبـة في عدم نسخ أو زرع ثقافات أجنبية. (Foreign Cultural) في البيئات المختلفة. فالثقافات لا تستورد لكي تحل محل ما هو قائم من الثقافات بحجة أنها ثقافات متطورة أو أكثر قبولا. كما ليس من المنطق والمقبول اجتماعيا تقليد ثقافات أخرى. فلا بد من التأكيد على الثقافات القومية (National Cultural) دون إغـلاق الحدود الثقافية وحجز تبادل الأفكار والتجارب والإنجازات.

ويبرز بشكل واضح دور الجامعات بتثبيت العلاقـة بيـن الثقافة والتعليم مـن خلال التمسك باللغة القومية وبناء المناهج والأنشطة الهادفة، وأن تنفتح على المجتمع المدني بكل مؤسساته ونظمه، وعلى الثقافات الأخرى. فالمؤسسات التربوية وخاصـة الجامعات تعتبر مـن المؤسسـات الفاعلـة والتي لـديها الإمكانـات التي توطد علاقـة الطالب بلغته وثقافته والتي تحدد الدور الذي ينبغي أن يقوم به مـن أجـل النهـوض بالثقافة، فالثورة المعلوماتية والمتمثلة بشبكة الإنترنت لها آثار كبيرة وممتدة عـلى كـل الأطر وبخاصة على الإطار الثقافي، وهذا يلاحظ أن

المعلومات أصبحت في متناول الجميع فضلا عن القدرة الهائلة لشبكات الكمبيوتر لتخزين واسترجاع وتعديل المعلومات وتبادلها على نطاق عالمي، وفي تفعيل دور البحوث والاستكشاف والاختراع. (الشراح، ٢٠٠٢).

ونتيجة لذلك أصبحت الحرية الثقافية بعداً مجهولاً في التنمية البشرية، حيث تتمحور التنمية البشرية حول البشر، وحول توسيع الخيارات المتوفرة للناس. فركزت تقارير التنمية البشرية على زيادة إمكانيات الوصول إلى خدمات الصحة والتعليم، وعلى النمو الاقتصادي في خدمة الفقراء وفي الديمقراطية، ولكن أيضا يجب أن يكونوا الناس أحراراً في تحديد من يكونون، فتتمثل الحجة المركزية في هذا التقرير في وجوب احتضان المجتمعات مثل هذه الثقافات المتعددة كي يتاح لهم الوصول إلى مجموعة الفرص الاجتماعية والاقتصادية بكاملها.

* مقترحات لحل إشكالية التعليم العالي:

يشير برنامج الأمم المتحدة الإنمائي (٢٠٠٢) إلى وجود مبادئ رئيسية للخروج من أزمة التعليم العالي وهي:

١. مركزية الفرد في العملية التربوية، دون أن يعني ذلك قلة الاهتمام بالجماعة أو غياب السلوك التعاوني. ويتفرع عن ذلك اعتماد فلسفة تربوية تقوم أساساً على احترام الكرامة الإنسانية للفرد.

٢. المعرفة الحديثة هي بذاتها قوة، ويستدعي ذلك تربية الناشئة العربية على موقف عقلاني واضح من المشاكل الطبيعية والإنسانية.

٣. إعادة النظر في بناء التعليم في الوطن العربي بشكل يؤكد أسبقية الإبداع وكرامة العمل والإنتاج.

٤. تأسيس حق المتعلم في أن يفهم ككيان إنساني واحد تستهدف التربية نموه الجسدي والوجداني والاجتماعي والمعرفي في تكامل وانسجام. وكذلك الاهتمام بالمقترحات التالية:

١. وضع إستراتيجية لمواءمة مخرجات التعليم مع حقيقة احتياجات سوق العمل.

٢. إبلاء مزيد من الاهتمام بالجوانب التطبيقية والتدريب العملي وربطه بالمهن ربطاً عضويا.

٣. تحقيق مرونة كافية في فتح البرامج الجامعية والاهتمام بها حسب متطلبات سوق العمل.

٤. المحافظة على القدرات العلمية المتميزة وخلق المناخ الملائم لعملها.

٥. التوسع في اعتماد برامج لتحسين الآراء في الإدراك المختلفة والعناية ببرامج وتأهيل القوى العاملة في المستويات المختلفة.

كما وقد أشارت تقارير التنمية البشرية على جانب مشاركة الناس في تحقيق التنمية وما لها من دور إيجابي لحل إشكالية التعليم والتنمية حيث أكدت على أن للحكومات الوطنية دور بان تسمح لشعوبها بأن تمارس تأثيراً أكبر على القرارات التي تؤثر في حياتها (برنامج الأمم المتحدة الإنمائي، ١٩٩٥).

ولا بد أن تركز مشاريع تلك الحكومات بتسريع التنمية البشرية في القرن الحادي والعشرين والوضع الحالي في القطاع الخاص في الدول المتقدمة والمبادرات التي يجب على الحكومة أن تسير فيها لتحقيق المساواة بين الناس والمعلومات ومجالات الاستثمار في التنمية البشرية المستدامة.

ثانياً: معيار الصحة

* مفهوم الصحة:

تعد الصحة من المعايير المهمة أيضا للتنمية البشرية المستدامة، والتحسينات في مجال الصحة والتغذية كما هو الحال في التعليم ربما يكونان السبب أو النتيجة المباشرة للنمو البشري والمستدام بنفس الوقت، كما أن تحسين الصحة يزيد من فاعلية قوة العمل أيضا وذلك من خلال معالجة الضعف والوهن وخفض معدلات وفيات الأطفال، وهذه تساعد على توسيع قاعدة الموارد البشرية، إضافة إلى ذلك فقد أصبح ينظر إلى الرعاية الصحية على أنها حق لكل إنسان، ومن ثم فإنها تشبع حاجة من حاجات الإنسان الأساسية. كما أن الطلب على الرعاية الصحية بشكل عام هو طلب مشتق من خلال رغبة الأفراد والمجتمع في العيش ضمن وسط صحي سليم، يأمن الفرد والمجتمع من إصابته بالأمراض. (حسونة، ١٩٩٠).

ولمفهوم الصحة درجات ابتداء ممتد من مجرد الحياة والبقاء، أي الخلو من الأمراض، إلى المناعة ضد العدوى والإصابة بالمرض إلى قوة الاحتمال والنشاط الجسمي الحيوي، إلى سلامة الجسم والعقل والروح، إلى التوافق والتكيف مع المجتمع والقدرة المبدعة على العمل والمشاركة في مختلف جوانب الحياة. وحق الإنسان في الصحة كأحد حقوق الإنسان من وجهة النظر القانونية، وكذلك أهمية تمتع الإنسان بالصحة كحاجة من حاجاته الإنسانية من وجهة النظر الاجتماعية الإنمائية. وهي من الناحية القانونية هدف نهائي، ومن ناحية التنمية البشرية هدف نهائي ووسيلة في الوقت ذاته.

وذهبت منظمة الصحة العالمية إلى الأخذ بالمفهوم الشامل للصحة باعتبارها حالة من السلامة الجسمية والعقلية والاجتماعية، وليس مجرد الخلوّ من المرض. ومع الإدراك لهذا المفهوم الشامل لمعنى الصحة، كذلك اختتام القطاع الصحي من حيث الوقاية والعلاج والتأهيل للفرد خلال حياته، وما يتطلبه ذلك من مستلزمات بشرية وفنية وتكنولوجية وبيئية وتعليمية وثقافية. وواقع النشاط الصحي في الوطن العربي يركز على الجوانب العلاجية فقط.

فتكونت صورة واضحة عن الصحة في المنطقة العربية محكوم بتوافر بيانات مقارنة جيدة. ولسوء الطالع، تعاني البيانات المتوافرة من جانبي نقص منهجين: فهي تتعلق بصورة رئيسية بالجوانب البدنية البحتة للصحة، وفي إطار البعد البدني تركز بصورة أساسية على معايير الوفيات. (برنامج الأمم المتحدة الإنمائي، ٢٠٠٤).

وعندما نشير إلى الصحة تحقق من حقوق الإنسان فانه من الضروري أن يفكر في المدلول الحقيقي لهذا الحق. ومن الناحية التاريخية فإن الحق في الصحة كان واحد من آخر الحقوق التي أعلنت في دساتير معظم دول العالم حيث شكل الإعلان العالمي لحقوق الإنسان انطلاقه في عام ١٩٤٨م بالنص في المادة ٢٥ على أنه:

١. لكل فرد الحق في مستوى من المعيشة كاف لصحته وسلامته كشخص ولعائلته بما في ذلك الطعام والكساء والمسكن والرعاية الطبية والخدمات الاجتماعية الضرورية.

٢. الأمومة والطفولة لهما حق في رعاية ومساعدة خاصة. جميع الأطفال سواء مولودون في نطاق حياة زوجته أو خارجها سوف ينتمون بنفس هذه الحماية الاجتماعية. (منظمة الصحة العالمية، ١٩٨٠).

وكذلك تحسين التغذية وتوسيع إمكانات الحصول على الرعاية الصحية الأساسية ورفع مستوى التعليم وتحسين تنظيم الأسرة هي عوامل تؤدي إلى التخفيف من عبء الحمل والولادة، وتحسين الحالة الصحية للمرأة.

* الموارد الصحية:

للمعايير السابقة جانب هام في النقاد إلى الحالة الصحية من حيث إشباع الحاجات التي تستلزمها، حيث تمثل الخدمات الصحية بمختلف أنواعها ومؤسساتها من أهم الموارد أو المدخلات التي لا بد من توافرها كشرط لتحقيق إشباع الحاجة إلى الصحة لدى الإنسان والمتبع. فما تزال الحكمة القديمة صحيحة حتى اليوم إن درهم وقاية خير من قنطار علاج. ولعل ما عرف باسم إجراءات وتدابير الصحة الأولية تمثل أهم الجوانب في الصحة الوقائية نظراً لإعطائها الأولوية في تحسين الصحة في المتتبع، بينما تعني الوسائل العلاجية بالفرد وبالجوانب الفنية السريرية المرتبطة بالعيادة أو المستشفى (عمار، ١٩٩٢) وتشمل الخدمات الصحية التحصينات والطموح وهي التي من العلاج الوقائي والتي تعطي للطفل خلال السنة الأولى مثل طعم (الجدري، الدفتريا والسعال الديكي) والسل (الدرن) وشلل الأطفال وهذا يعتبر إلزامياً في معظم

الدول العربية ومنها الأردن، أما بالنسبة للأمومة المأمونة وهي من أهم مجالات الوقاية لحماية الآم من العدوى أو الإصابة بمرض أثناء الحمل ومن ثم كانت المتابعة الطبية للأمهات من أهم الضمانات لان يبدأ الوليد حياته سليماً، فمعدل وفيات الأمهات أثناء الولادة في البلاد العربية يقدر بحوالي (٢٨٠) لكل (١٠٠) ألف مولود حي وهي بنسبة عالية (UNDP, ١٩٩٠, table ٩) وكذلك التثقيف الصحي والنوعية التنظيمية الجيدة التي يتم فيها تنظيم الخدمات الصحية من حيث توفر الموظفين (Ministry of Social Development, ٢٠٠٣: pp ٤٠).

وبالإضافة لتوفير الكوادر المدربة والمؤهلة تعتبر من الركائز الأهم في توفير الخدمات الصحة بالكفاية المنشودة حيث تشمل المخططين والمديرين والباحثين والمخططين والمديرين.

* معايير الحالة الصحية:

١.   العمر المتوقع عند الميلاد.

يتفاوت العمر المتوقع عند الميلاد (تفاوتاً كبيراً بين البلدان العربية، فهو يبدأ من مستوى منخفض حوالي (٤٥ سنة) (جيبوتي والصومال) ويصل إلى مستوى (٧٥سنة) (الإمارات العربية المتحدة)، وهذا قريب من مستواه في البلدان عالية الدخل (٧٨ سنة في عام ١٩٩٨) وفي جميع البلدان العربية، نجد أن العمر المتوقع للنساء أما يساوي نظيره للرجال أو يتجاوزه، ولكن الفارق بين الجنسين لا يزيد عن (٢,٥) سنة في حوالي ثلثي البلدان العربية. أما

بالنسبة لباقي البلدان فإن الفارق يتراوح بين (٣ سنوات) و(٣،٥ سنوات) وهو اقل من متوسط الفارق العالمي البالغ (٤ سنوات) والـذي يصل في البلدان ذات التنمية البشرية العالمية إلى (١١ سنة). وهـذا يعني أنه توجد في البلدان العربية مساحة لتحسين فرص الحياة بالنسبة للإناث. ومن مجالات العمل لتحقيق ذلك تخفيض معدلات وفيـات الأمهـات أثنـاء الحمل والـولادة، وهـي معدلات مرتفعة.

كما ويلاحظ ازدياد العمر المتوقع لـدى الـولادة بالنسبة للرجـال والنسـاء في الدول العربية خلال العقد الماضي من القرن المنصرم مـن (٥٤،٩) عامـا إلى (٦١،٥) عامـا للرجال خلال الفـترة ١٩٨٠-١٩٩٠ ومـن (٥٧،١) عامـا إلى (٦٣،٣) عامـا للنسـاء نفسها، ورغم التحسين في العمر المتوقع للنساء فإنه يبدو غير كـاف مقارنة بالـدول المتقدمة حي يبلغ العمر المتوقع للطفل عند الولادة (٧٥) سنة أو أكثر في كـل بلـد، وبالدول النامية حيث يزيد عن ٧٠ سنة في الكثير منها.

وفي الأردن العمر المتوقع عند الـولادة عـام (١٩٨٠) (٦٠،٠) سنة وعـام (١٩٩٠) (٦٤،٠) سنة للذكور، أما الإنـاث (٦٤،١) سنة عـام(١٩٨٠)، و(٦٨،٠) سنة عـام(١٩٩٠) (برنامج الأمم المتحدة الإنمائي، ١٩٩٧).

٢. العمر المتوقع عند الميلاد معدلاً يراعي الإعاقة:

إن استعمال العمر المتوقع عند الميلاد معدلاً لمراعاة الإعاقة مفيـد في إبراز تأثير المرض والإعاقة على الحياة الصحية. وتبرز أيضاً أهمية تحسين

قاعدة المعلومـات الموجـودة عـن مختلـف أنـواع الإعاقـة وتوقـع الحيـاة في الأردن متوسط بعد الإمارات والكويت وقطـر وعمـان والبحـرين والسـعودية. كمـا وتدل التعديلات على أن عبء المرض والإعاقة يقلصان عدد سنوات الحياة الصحية المتوقعة من (٥ إلى ١١ سنة). ويفقد ما يقرب من ثلث البلدان العربية أكثر مـن (٩ سنوات) من العمر المتوقع نتيجة الإعاقة. وتجدر الإشارة إلى أن نسبة الإعاقة عند الميلاد بالنسبة للإناث أعلى منـه بالنسبة للـذكور. وهـذا يشـير إلى أن صـحة المـرأة يجب أن تعطي أولوية في السياسة الصحية.

٣. عبء اعتلال الصحة:

تؤكد الدراسة الاستقصائية لصحة الأسرة الخليجيـة، والتـي أجريت مـؤخراً، العب الكبير لاعتلال الصحة في البلدان العربية التي يرتفع فيها العمر المتوقع عند الميلاد فحوالي خمس البالغين (الذين يبلغون ١٥ عاماً فمـا فـوق) في اقل بلـد عـربي يعاني لفترة طويلة وفي مرض أو إعاقة، وتعاني الإناث قدراً من عبء اعتلال الصحة اكبر كثيراً مما يعانيه الذكور. فنسبة الإناث اللواتي ابلغن عن إصابتهن بمـرض لفتـرة طويلة تزيد عن النسبة المقابلة للذكور بأكثر من (٦%) وقد تصل هـذه النسـبة إلى (٨,٥%) (فعبء المرض والإعاقة يقلصان عدد سنوات الحيـاة الصحية المتوقعـة في البلدان العربية في حدود (٥-١١) سنة. (برنامج الأمم المتحدة، ٢٠٠٢).

كما تم تطور على الحالة الصحية من خلال مـا تـم إنجـازه خلال العقدين الماضيين من القرن المنصرم. ومن المعايير المفيدة على الحالة الصحية ما حدث

مـن تطور في مسـتوى البقـاء في حيـاة الإنسـان خـلال فـترة زمنيـة معينـة. والمعايير التالية عبارة عن دلالات عـلى مـدى التطور الـذي حـدث في حالة البقـاء واستطالة الحياة في الوطن العربي.

١. معدل وفيات الأطفال الرضع، ويمثله عدد وفيات المواليد مـن الأطفال الرضع ممـن عمرهم اقل من سنة لكل ألف من المواليد الأحياء في سنة معينة.

٢. معدل وفيات الأطفال، ويمثله عدد وفيات الأطفال الذين تتراوح أعمارهم مـن صفر إلى اقل من سنة لكل ألف طفل ضمن هذه الفئة العمرية من السكان.

٣. معدل الوفيات الخام، ويمثله عـدد الوفيات لكل ألف مـن السكان أو سنة معينة.

٤. معدل وفيات الأمهات الحوامل، ويمثله عـدد الوفيات مـن النسـاء الحوامل، الناجمة عن مشكلات في حالة الولادة، لكـل (١٠٠,٠٠٠) مـن ولادات الأطفال الأحياء في سنة معينة.

٥. متوسط العمر المتوقع عند الـولادة: متوسط عمر الإنسان الـذي يتوقع أن يستمر فيه على قيد الحياة. ومن الملاحظ لهـذا المعيار أنـه كلـما طال العمـر الذي اعتبرت درجة الإنجاز أعلى. ثم أن التقدم من (٥٠) إلى (٦٠) سـنة يعتبر انجازاً أعلى في الحالة الصحية. (عمار، ١٩٩٢: ١٢٦) وما يدل على ذلك الجدول التالي:

- التطور في معدل وفيات الأطفال في الوطن العربي (١٩٧٠-٢٠٠٠)

البيان / النسبة	معدل وفيات الرضع لكل (١٠٠٠)	معدل وفيات الأطفال (اقل من ٥ سنوات) لكل (١٠٠٠)	معدل الوفيات الخام لكل (١٠٠٠)	معدل وفيات الأمهات الحوامل لكل (١٠٠,٠٠٠)	متوسط العمر المتوقع
١٩٧٠	١٣٥	٢٤٠	-	-	٤٥
١٩٨٠	١٠٠	-	١٦	-	٥٥
١٩٨٥	٩٦	١١٥	١١	٢٨٠	٥٧
١٩٩٠	٨٨	١١٣	٨	٢٧٠	٥٩
٢٠٠٠	٧٣	-	-	-	٦٤

- المصدر برنامج الأمم المتحدة الإنمائي، تقرير عن التنمية البشرية لعام ٢٠٠٠، نيويورك، جدول ٢٣.

يتضح أن ثمة تحسناً ملحوظاً في أوضاع البقاء على قيد الحياة من حيث النقص النسبي والمطلق في إعداد وفيات الأطفال خلال العقيدين الماضيين في القرن المنصرم، ومهما اختلفت بعض المعدلات عن الأرقام الواردة في هذا الجدول إلا أنها اختلافات طفيفة في جميع الأحوال، إلا أن أياً من هذه المعايير

الثلاثة وما حدث فيها من تحسن، إنما هو محصلة مجموعة من المتغيرات الاقتصادية والاجتماعية والعمرانية إلى جانب العلوم الطبية.

والتفاوت بين الأقطار العربية يتراوح في معدل وفيات الأطفال الرضع لعام ١٩٩٠ بين (١٩) في الألف في الكويت، و(٢٣) في الألف في البحرين وقد تصل في الصومال (١٣٢) في الألف و(١٢٦) في موريتانيا. في حين نجد معدل وفيات الأطفال الرضع في الأردن تصل إلى (٢٢,١) في الألف عام ٢٠٠٢ وكذلك معدل وفيات الخام لكل ألف من السكان وصلت (٥,٠) ومعدل وفيات الأطفال دون الخامسة من العمر (لكل ألف من المواليد الأحياء) (٢٧,٠)، أما توقع الحياة وقت الولادة (سنة) (٧١,٥).

ويبين هذا التفاوت بين الأقطار العربية إلى متوسط العمر المتوقع عند الولادة باعتباره أحد المعايير الرئيسية على الحالة الصحية، ويتراوح التفاوت في هذا الرقم الوسطى من(٧٥) سنة إلى اقل من (٥٠) سنة. كذلك يظهر التفاوت بين الذكور والإناث في داخل كل قطر إذ يزيد العمر المرتقب للنساء ما بين (٢-٤) سنوات في المتوسط عن عمر الذكور، فتوقع الحياة عند الولادة للذكور في الأردن (٧٠,٦) سنة وعند الإناث (٧٢,٤) سنة (دائرة الإحصاءات العامة، ٢٠٠٢).

ويبدو أن هذه الزيادة هي من اثر العوامل البيولوجية، وأغلب الظن أنها ليست من اثر العوامل الاجتماعية والثقافية. ولا شك المستويات للدخل الاقتصادي لها دور في عملية التمتع بصحة أفضل.

* خيارات التنمية البشرية في مجال الصحة والشروط التي تساعد على رفع المستوى الصحي:

١. شعار الأمن الغذائي، بمعنى أن تنتج كل أو معظم غذائنا، وهذا الشعار غير مفيد في الأردن وغير بناء. إذ المفروض أن ننتج بقدر ما نستهلك، لا أن ننتج ما نستهلك.

٢. ثمة أيضاً انتقادات متناقضات، فنحن نقول مثلاً أن شعب الأردني لديه ميل استهلاكي شديد، وفي الوقت نفسه نشكو من أننا لا نعمل على رفع مستوى المعيشة، فما معنى رفع مستوى المعيشة إذا كان مقياسه هو متوسط الاستهلاك؟ مع التذكير أننا نتحدث عن الاقتصاد الكلي وليس اقتصاد العائلات الفردية.

كما ويمكن القول أن الشروط الصحية تتمثل في:

١. زيادة نسبة عدد الأطباء المختصين.

٢. زيادة النفقات على الخدمات الصحية.

٣. تخفيض نفقات العلاج في المستشفيات الخاصة.

٤. أن تأخذ مؤسسات الضمان الاجتماعي دورها بشكل يضمن لجميع المواطنين حقوقهم في العلاج دون تمييز.

٥. العمل على زيادة الوعي الصحي عند المواطنين.(الطيطي، ١٩٩٠: ٦٠).

* واقع القطاع الصحي والتأمين في الأردن:

يتألف القطاع الصحي في الأردن من عدة جهات تقدم الرعاية الصحية بمستويات وطرق مختلفة، ولقد أدت هذه الفردية في مسيرة القطاع الطويلة إلى الكثير من القرارات المكلفة خارج إطار خطة شاملة، فالتنسيق بين مكونات هذا القطاع قليل والتنافس كبير ولا يوجد تكامل بينها، والجهات التي تقوم بالرعاية الصحية ما يلي:

أ- وزارة الصحة: حيث تقوم بتنفيذ أحكام قانون الصحة العامة، ولذلك فإنها معنية بالأدوار التالية:

١. الدور الرقابي، ويتعلق بصحة المواطن عموماً، كما يتعلق ببيئته وصلاحية غذائه وهوائه ومائه ودوائه، وبالإشراف على المهن الطبية، وعلى جميع أنشطة الفعاليات الطبية.

٢. الدور الوقائي، وهو دور هام مكمل للدور الرقابي.

٣. الدور العلاجي، وهو دور يشمل كافة المراحل، الأولية والثانوية، ويحكم أداؤه نظام التأمين الصحي. وقد وضع أصلاً كنظام لمعالجة العاملين في الدولة وعائلاتهم، لكن الوزارة توسعت في هذا المجال وأدخلت في نظام التأمين حقاً للمواطن غير المؤمن قوامه أن يستفيد من خدماتها مقابل الأجر إذا كان قادراً، ومجاناً إذا أثبتت أجهزة التنمية الاجتماعية أنه غير قادر على تحمل نفقات التأمين الصحي أو المعالجة. وتبين انه ما يدفع للوزارة من اجر لا يتعدى ١٥% من تكلفة الخدمة المقدمة.

ب- الخدمات الطبية الملكية: فالدور الأساسي لهذا الجهاز هو إسناد القوات المسلحة طبياً في السلم والحرب والاهتمام باللياقة البدنية والوقائية والصحية المهنية في القوات المسلحة. ولكنه اتخذ دوراً ثانوياً إضافياً وهو معالجة عائلات منتسبي القوات المسلحة، وألحقت به إمكانية معالجة غير المنتفع مقابل الأجر الذي يغطي التكاليف. ويحتوي زيادة على ذلك رسوماً مهنية تستخدم في البحث والتطوير وفي زيادة حوافز الأطباء وبعض المهن الطبية.

ج- المستشفيات الجامعية: تعمل على غرار القطاع الخاص، من فرق واحد هو أنها مفوضة من قبل الدولة لأغراض التعليم، وترتبط مع وزارة الصحة باتفاقيات لمعالجة الممولين إليها من منتفعي نظام التأمين الصحي، وبكلفة عالية تقدرها من جهتها، ولذلك فهي تشكل عبئاً كبيراً على وزارة الصحة.

د- القطاع الخاص: لا شك أن هذا القطاع قد تطور في السنوات العشر ـ الأخيرة تطوراً كبيراً من جميع النواحي الفنية بحيث أصبح على مستوى عال جداً من التقنية والإدارة، ولكن نتيجة للتنافس والتهافت على الاستثمار العشوائي فقد وقع هذا القطاع في مشاكل مالية كبيرة تدعو للقلق. والقطاع الخاص يشمل الجهاز الطبي المؤلف من أطباء ومستشفيات، وأنظمة التأمين الصحي في الشركات والمؤسسات وصناديق التأمينات الطبية. (العجلوني، ٢٠٠١).

* الإنفاق على القطاع الصحي:

تتأثر الإنجازات الصحية تـأثيراً كبـيراً بمستوى المـوارد الاقتصـادية في البلـد ولكن لا تتشكل كلياً به. وتلعب الأولوية التي تعطي للاستثمار في المجـال الصـحي قياساً إلى الاستثمارات الأخرى دوراً هاماً، كما تلعب دوراً هاماً أيضاً فعالية وعدالـة نظم تقديم الخدمات الصحية. وتلعـب القـوى الثقافيـة والاجتماعيـة وغيرهـا دوراً بارزاً أيضاً. كما أن انخفـاض مسـتويات التعلـيم تعكـس الضـعف في إدارة الشـؤون الصحية وغياب الـوعي بالمخـاطر السـلوكية عـلى الصـحة. (برنـامج الأمـم المتحـدة الإنمائي، ٢٠٠٣).

فالبيانات المتاحة للأنفاق على القطاع الصحي من قبل وزارة الصحة محدودة، وليست منتظمة بحيث يمكن استخراج اتجاهات واضحة منها حول التطور في الإنفاق على شمولها الصحية حيث يتراوح نسب الإنفاق العربي من إجمالي الإنفاق الحكومي العام ما بين عام (١٩٧٢-١٩٨٨) حيث لم تتجاوز (٤,٧%).

أما في السنوات الماضـية يـتراوح الإنفـاق العـربي عـلى الصـحة بـين (٢,٥%) و(٥,٦%) من الناتج المحلي الإجمالي. وتتفق معظم البلدان العربية على الصحة بـين (٣%) و(٤,٥%) من ناتجها المحلي الإجمالي. (برنامج الأمم المتحدة الإنمـائي، ٢٠٠٢). ويلاحظ أن هنـاك زيـادة بالنفقـات عـلى المجـال الصـحي في الأردن حيـث شـكلت النفقات من النسبة أو الموازنة العامة للدولة لعام (١٩٨٧) نسبة (٣,١%) أي تقريباً (٣١,٠٧٥,٠٠٠ دينار أردني)

وتقدر نسبة الإنفاق على الخدمات الصحية مع الدخل القومي الإجمالي حوالي (٦%). (التقرير الإحصائي السنوي، ١٩٨٧).

وهذا يشير إلى زيادة ملموسة عما كانت في عقد الستينات حيث بلغت نسبة الإنفاق (٣,٦٥%) من الموازنة العامة. (المؤتمر السنوي للسنوات، ١٩٨٥-١٩٦٥).

فالأوضاع الصحية في الوطن العربي قد تحسنت خلال العقدين الماضيين تحسناً ملحوظاً من حيث المعايير بإنقاص معدل وفيات الأطفال، وبالقضاء على بعض الأوبئة أو تخفيض نسبة الإصابة ببعض الأمراض المعدية. ولكن ذلك لم يحل دون انتشار بعض الأمراض الأخرى، والتعرض للإصابة بأمراض لم تكن معروفة، وفي جميع الأحوال فإن الأوضاع الصحية للمواطن العربي بشكل عام والأردن بشكل خاص بحاجة إلى مزيد من الاهتمام والتركيز على الأولويات التي تمثل المقومات أو البنية الأساسية لضمان الشروط الصحية في الحياة، وما تزال مشكلة المياه والصرف الصحي وتوفير التغذية السلمية تعرض فئات كثيرة للمرض، وبخاصة في مراحل الطفولة والشباب، وفي البيئات الريفية والأحياء الشعبية في المدن والحواضر المكتظة بالسكان. كما من الضروري كذلك إعطاء القطاع الصحي ما يستحق من أولوية ضمن أولويات التخطيط والتنمية الوطنية، ومن المقطوع به أن للتعليم ارتباطاً واضحاً بالحالة الصحية إذ تؤكد بعض الدراسات على العلاقة الإيجابية بين الحالة الصحية وارتفاع المستوى التعليمي. (حسونة، بلا).

والاهتمام بدأ يزيد في المملكة الأردنية الهاشمية باستخدام بطاقات المعالجة في عام ١٩٨٧م، إذ أصبح المواطن يعرف المركز الذي يراجعه مما

خفف من الازدواجية. ويمكن إجمال الوضع الحالي للتأمينات الصحية في المملكة كما يلي:

١. التأمين الصحي لموظفي الدولة ومنتفعيهم.
٢. التأمين الصحي لأفراد القوات المسلحة الأردنية وعائلاتهم.
٣. التأمين الصحي للعاملين في الجامعات والمؤسسات والنقابات والشركات الأردنية.
٤. تأمينات الضمان الاجتماعي للعمال.
٥. تأمينات وكالة الغوث الدولية.
٦. تأمين غير القادرين على الدفع من ذوي الدخل المحدود.

* سياسة الرعاية الصحية وإدارتها:

تتشاطر برامج إصلاح القطاع الصحي في العالم العربي، كما هو الحال في أماكن أخرى، هدفاً مشتركاً يتمثل في احتواء التكاليف وزيادة الكفاءة، وتوجد حالياً في عدة بلدان، من بينها الأردن ومصر ـ والمغرب ولبنان وفلسطين واليمن، برامج إصلاح في المراحل إنجاز مختلفة، حيث هناك عناصر رئيسية لإصلاح البرنامج الصحي منها:

١. الرعاية الوقائية مقابل الرعاية العلاجية:

تميل معظم نظم الرعاية الصحية العربية إلى التقليل من أهمية الرعاية الصحية الوقائية ومن الاستثمار في برامج وإجراءات الرعاية الوقائية والرعاية الأولية، مركزة بدلاً من ذلك بصورة رئيسية على الخدمات العلاجية، فهناك

نسبة كبيرة من المشاكل الصحية التي يواجهها المجتمع تستجيب لأشكال الرعاية الوقائية، بما فيها زيادة الوعي وتغيير السلوك، وهذا بديل ناجح للاختلال الحالي في نظم الرعاية الصحية التقليدية.

٢. تغيير السلوك من أجل صحة أفضل:

يمكن لبرامج التوعية والوقاية المصممة لتغيير أنماط السلوك الضارة بالصحة، معالجة طيف واسع من المشاكل الصحية الموجودة والمتمثلة في البلدان العربية. وتشمل هذه البرامج تشجيع ممارسة التمارين الرياضية والعادات الغذائية الجيدة. وكذلك تعمل حملات التوعية وتغيير السلوك على نحو أفضل في بيئة ممكنة يتعين أن تشتمل على مستويات معقولة من التعليم العام والظروف الاقتصادية المقبولة والضغوط الاجتماعية الإيجابية. ويمكن أن يكون نمو وانتشار تقنية المعلومات وانتشار وسائط الإعلام عناصر مفيدة في نشر رسالة الأنماط السلوكية الصحية.

٣. توافر الرعاية الصحية وتقديمها:

فهذا يتناول بشكل رئيسي مستويات الإنفاق على الصحة، وعدالة النظم الصحية، وبرامج إصلاح القطاع الصحي، والحاجة إلى مزيد من التركيز على الرعاية الأولية. وكذلك يعتمد نجاح اليد العاملة في القطاع الطبي على ما يقدمونه فالدول العربية من بينها الأردن لربما أنها لا تعاني من نقص شديد في عدد الأطباء وإنما تعاني من نقص ما في الممرضين والعاملين في المجال الطبي، لا سيما على مستوى الرعاية الأولية. (UNDP,١٩٩٩).

٤. الفقر والحصول على الرعاية الصحية:

يسهم الفقر في اعتدال الصحة ويمكن أن يكون حاجزاً أمام الوصول إلى الرعاية الصحية. وما لم تدرج المشاكل الخاصة التي يواجهها الفقراء صراحة في تصميم النظم الصحية، فإنهم سيسهمون بصورة فعلية من الوصول إلى الرعاية الصحية.

٥. إشراك المجتمع في تقديم الخدمات:

يكتسب الاتجاه المتمثل في إشراك الجماعات المحلية بفعالية في جميع جوانب الرعاية الصحة دعماً متزايداً على الصعيد العالمي - بدءاً بتحديد الاحتياجات ومروراً بتحديد الموارد والتخطيط لاستخدامها، وتوزيعها، ومن ثم التنفيذ والمتابعة. ويستند الافتراض أن المجتمعات المحلية هي الأقدر على معرفة وتحديد احتياجاتها. (برنامج الأمم المتحدة الإنمائي، ٢٠٠٢- ٢٠٠٣).

* استراتيجيات تطور الرعاية الصحية:

قامت منظمة الصحة العالمية بتطوير توجه ما بين صحة المجتمعات والنمو المستدام، أطلق عليه برنامج الحاجات النمائية الأساسية. وهو آلية تهدف لتحقيق حياة ذات نوعية أفضل، يكون المكون الأساسي فيها الصحة للجميع. كما ويشرك البرنامج أفراداً من المجتمعات المحلية في المناطق الأقل حظاً لتحديد قدراتهم وتنظيم مهاراتهم. حيث تم تطبيق هذا البرنامج في الأردن من قبل مؤسسة نور الحسين من خلال برنامج الحياة اليومية، ومن

قبل وزارة الصحة ومن خلال مبادرة القرى الصحية. حيث تخدم هاتين المؤسستين معاً حالياً (٣٨) قرية. بتوفير الدعم الفني والمالي ومعالجة عدة موضوعات أبرزها: تحسين دخل الفرد، تمويل المراكز الصحية إلى مرافق يستخدمها المنتفعون بسهولة اكبر، تحسين الصرف الصحي، وتشجيع التغذية السلمية وغيرها. ويكلف هذا البرنامج حالياً حوالي (٥٠) ألف دينار أردني سنوياً وفقاً لتقديرات منظمة الصحة العالمية. (وزارة التخطيط وبرنامج الأمم المتحدة الإنمائي، ٢٠٠٠-٢٠٠١) وجدول الإستراتيجية للصحة يبين ذلك.

الهدف	الإستراتيجية	الجهة المسؤولة	التكاليف/ التمويل	الموعد المحدد
ضبط المؤسسات	زيادة التنسيق والتعاون بين الأجهزة الحكومية وغير الحكومية والجهات الدولية.	اللجنة الوطنية للسكان صندوق الأمم المتحدة للسكان وزارة البيئة الاجتماعية وزارة الصحة، وزارة التربية والتعليم، منظمة الصحة العالمية وغيرها	سيتم تحديدها فيما بعد لضمان استمرارية المبادرات.	بداية العام ٢٠٠٢

ضمان استجابة الخدمات الصحية لاحتياجات المجتمع وضمان وصول أفراد المجتمع إليها.	إشراك أفراد المجتمع في تحديد مشكلاتهم وتحسين أوضاعهم الصحية.	توسيع أو تكرار نموج الفرص الصحية.	٧٥٠ ألف دولار أمريكي لتوسيع الفرص الصحية سنة واحدة.	نهاية العام
		وزارة الصحة، منظمة الصحة العالمية، وزارة البيئة الاجتماعية، وزارة التربية والتعليم، مؤسسة نور الحسين وغيرها		
		النشاطات، استخدام	٥٠ ألف دولار	

		مراكز متنقلة للوصول إلى المناط النائية.	أمريكي تعتمد حجم تكاليف البرنامج التدريبي على حجم البرنامج وعدد المتدربين.	

- المصدر: وزارة التنمية الاجتماعية، جدول إستراتيجية الصحة، ٢٠٠٢، ص٩٢.

ثالثاً: معيار الدخل

* مفهوم العمل والدخل

يقال دائماً أن العمل حق وواجب، ذلك أن توفير المجال للعمل يمارس فيه الإنسان نشاطاً اجتماعياً مطلوباً يمثل حقاً من حقوق الإنسان وحاجة من حاجات كل فرد، والقيام بمسؤوليات العمل والوفاء بمتطلباتها واجب على كل مواطن في إطار ما يحدده المجتمع من مسؤوليات. فالعمل غاية ترتبط بالإنسانية الإنسان في الجماعة، وهو أحد مكونات الكرامة الإنسانية التي يشرف بها المرء خلال حياته، وهو وسيلة لأنه العنصر الحاكم في منظومة عناصر الإنتاج، والقادر على الاستغلال الأفضل لبقية العوامل. لذلك بالعمل تتحقق التنمية البشرية المستدامة، وبالتنمية البشرية يتوفر أثمن عنصر في مكونات العمل. ولهذا كانت نشاطاً اجتماعياً مفيداً. وبهذا أقرت جميع الدساتير العربية ومن

ضمنها الأردن بحق العمل لكـل مـواطن شـأنه في ذلك شـأن التعليم، وحـق السكن، وحق الغذاء والتمتع بالصحة وغيرها والتي تمثل المعايير التنمويـة الإنسانية، والتجربة التاريخية تشير إلى أن تفاقم مشكلة البطالة في أي مجتمع مـن المجتمعـات تزعزع أمنه واستقراره، كما تحول دون متابعة جهوده الإنمائية وأفراد معدلات النمو. (Karl، ١٩٧٥).

والحديث عن العمل كوسيلة أو كواجب يمتد إلى قضايا الإنتاج والإنتاجيـة بصـورة رئيسـية، والى تعبئـة جميـع الطاقـات البشرـية لـكي تصبـح مسـهمة بكفاية وفاعلية في اقتصاد المجتمع وإنتاج السلع والخدمات المطلوبة للاستهلاك المحلي أو التبادل التجاري مع العالم الخارجي. ويضاف إلى ذلك كـل مـا يتصل بتوفير فـرص ومجـالات متزايـدة لتمكين العنصر ـ النسـائي مـن المسـاهمة في العمليـة الإنتاجيـة. ويتطلب ذلك بالضرورة إزالة كل العوائق التي تقف في سبيل فرص تعليمها وتدريبها وتوظيفها، وتمكينها من الترقي إلى المواقع القيادية في القطاعـات الإنتاجيـة والخدميـة في الاقتصاد الـوطني، وإذا كـان النظـر إلى العمـل كوسيلة للتنميـة الاقتصادية والاجتماعية، والى توفير القوى العاملـة كمـاً وكيفاً وزماناً ومكاناً عـاملاً أساسياً مـن عوامل إنتاج السلع والخدمات فإن ذلك يقتضي ـ أيضاً اختيـار المـوارد التي توظفهـا وتتفاعل معهـا تلـك القـوى العاملـة. لـذلك يجب الحديث عـن أنـواع التكنولوجيـا المناسبة لقوة العمل والإمكانات المثلى للاستفادة منها. كذلك يقتضي تخطيط الإنتاج تحديد المعادلة المناسبة بين المشروعات التي تتطلب استثمارها تكثيف قوة العمل وتلك التي تتطلب تكثيف رأس المال. (منظمة العمل العربية، ١٩٨٥).

ولهذا أدرك الأردن أن الاستثمار الحـق إنمـا يكـون في الإنسان، ولـذا فقـد توجهت السياسات الرسمية إلى التوسـع في التعليم بمسـتوياته وأشـكاله المختلفة. وانسجاماً مع ذلك فقد زاد الطلب الاجتماعي على التعليم وفاق كـل التقديرات لا سيما على مستوى التعليم العالي، إذ يقدر عدد الطلبة الملتحقين بالتعليم العالي في الأردن بـ(٣٣١١) كـل (١٠٠,٠٠٠) مـن السكان، كـما يلتحـق أكثر مـن ٩٥% مـن الناجحين في الثانوية العامة بالتعليم العالي، وبذلك فإن الأردن يحتل المرتبة الأولى على مستوى الدول العربية يليه لبنان بمعدل يبلغ (٢٦٩٠) طالب لكل(١٠٠,٠٠٠) من السكان. (النهار، ١٩٩٩: ٤).

وقد شهد التعليم العالي، وبخاصة الجامعي منـه، توسـعاً ملحوظاً وبمعـدل زيادة سنوية تقدر بـ٩,٢% في إعداد المقبولين وبنسبة مماثلة لإعداد الخريجين. أمـا على صعيد كليات المجتمع، فقد شهدت توسعاً ملحوظاً حتى منتصف الثمانينات، إلا أن إعداد المقبولين فيها تراجعت بعد صدور قانون التربية والتعليم الجديد سنة (١٩٨٩) الذي اشترط الحصول على الدرجـة الجامعيـة الأولى لمزاولة مهنة التعليم وافتتاح الجامعات الخاصة منذ بداية عقد التسعينات وكنتيجـة للتوسع الكبـير في التعليم العالي في الأردن وللطلب الاجتماعي الشديد على التعليم العالي، فقد شهد الأردن فائضاً في إعداد الخريجين من كافة التخصصات تقريباً..

كما ويؤكد مفهوم التنمية البشـرية عـلى أهميـة تطوير القدرات الإنسانية واستخدام هذه القدرات في الإنتاج، ويتطلب تطوير هذه القدرات الاستثمار

في الناس، بينما يتطلب الأخير مساهمة الناس في نمو الناتج المحلي الإجمالي والتشغيل، فالتنمية البشرية تهتم بالنمو الاقتصادي بقدر ما تهتم بالتوزيع. (برنامج الأمم المتحدة الإنمائي، ١٩٩٢: ٢). لان النمو الاقتصادي والبيئة البشرية يتحققان في المدى الطويل عندما تلبي الفرص الاقتصادية حاجات الناس. (برنامج الأمم المتحدة الإنمائي، ١٩٩١: ٤)، ويعد الاستثمار في الإنسان من خلال التعليم الأساسي والرعاية الصحية من اشد القوى الدافعة للنمو، كما أظهرت الدراسات مراراً ارتفاع العائد لهذين المعيارين. (برنامج الأمم المتحدة الإنمائي، ١٩٩٧، ص٧). كما وترى انه إذا أريد للتنمية البشرية أن تدوم فانه يجب تغذيتها باستمرار بواسطة النمو الاقتصادي والتشديد كثيراً على النمو الاقتصادي دون الاهتمام بالتنمية البشرية أو العكس من شأنه أن يؤدي إلى اختلالات في التنمية البشرية وتؤدي إلى الإعاقة في تحقيق المزيد من التقدم. (برنامج الأمم المتحدة الإنمائي، ١٩٩٥).

* القوى العاملة:

إن أكثر المشكلات التي تعاني منها نظم التعليم في العالم تتعلق بعدم قدرتها على إعداد الإنسان لمواجهة احتياجات سوق العمل، ومسايرة التبدلات الدائمة في هذه الاحتياجات. دول كثيرة ما زالت تعاني من مشكلة البطالة بين المتعلمين (Educated Unemployment) نتيجة الزيادة العالية في إعداد الطلاب وما يترتب على ذلك من توسع في التعليم وتضخم في مخرجاته. ويبدو أن دولاً كثيرة في العالم تعاني من البطالة بين المتعلمين حيث

أصبحت البطالة ظاهرة مألوفة ومنتشرة وتنذر بالكثير من المخاطر. فدول مثل باكستان وبنغلادش والهند والفلبين والبرازيل والمكسيك ومصر وإندونيسيا وغيرها وصلت حداً لا يطاق لتفشي البطالة حيث أن نصف خريجيها الجامعيين تقريباً بدون عمل. فقد تجد بين هؤلاء الخريجين الجامعيين العاطلين عن العمل من وصل على امتياز في المجالات العلمية كالفيزياء والرياضيات واللغات ولكن هذه الشريحة لا تجد الوظيفة المناسبة. (الشراح،٢٠٠٢).

فالمجتمعات التي تواجه مشكلات البطالة بين المتعلمين تدرك خسارتها القادمة في فقدان القوى العاملة المعدة والمدربة على مهن رفيعة قد تتسابق دول أخرى عليها للاستفادة منها. فالمشكلة في هذه الحالة ليست في ارتفاع المستويات العلمية والمهنية للقوى العاملة، إنما الأمر يتعلق في أنها تمثل فائضاً أو تضخماً تعليمياً لأنها فوق قدرة الاقتصاد على استيعاب كل الخريجين. فعندما يقوم مهندس بعمل كتابي أو إداري فانه لا يساهم في زيادة الإنتاج بشكل مطلق، بل على العكس،فإن هذه الظاهرة لها نتائج اجتماعية ضارة قد تتمثل في عدم الرضا والإحباط واللامبالاة والصراع الاجتماعي. لذلك لا بد من التمييز بين رغبات الناس في اختياراتهم للتخصصات التي قد لا يتوافر لها مجالات العمل مستقبلاً وبين ما هو ممكن مهنياً واقتصادياً. بمعنى أن الرغبة الاجتماعية للوظائف يجب أن تتمشى مع الإمكانات الاقتصادية المتاحة للدول، ولطبيعة أوضاع سوق العمل. (الشراح، ٢٠٠٢ :٣٣٣).

وباستقراء الإحصاءات حول نسب البطالة في العالم لا بد من التأكيد على انه لا تخلو دولة من مشكلة البطالة أو تشغيل كافة الخريجين، حتى الدول المتقدمة كاليابان والنرويج وأمريكا وغيرها. فعلى الرغم من تحقيق نمو في نصيب الفرد من الناتج المحلي الإجمالي لمنظمة التعاون النرويجي إلا أن نسب البطالة خلال العقدين الماضيين لم تنخفض وبقيت عند مستوى (٧%)، في حين ارتفعت من (١٠%) إلى (١١%) في دول الاتحاد الأوروبي (برنامج الأمم المتحدة الإنمائي، ١٩٩٩، ص٣٢). وفي أيسلندا واليابان (٤,٦%) وأمريكا (٥%) وجميع هذه الدول تعتبر من الدول ذات التنمية البشرية المرتفعة. (برنامج الأمم المتحدة الإنمائي، ١٩٩٩).

أما على مستوى الأردن فيقدر حجم القوى العاملة الأردنية بحوالي (١,٢٩٣,٢٨٠) مليون ومائتان وثلاثة وتسعون ألف ومائتان وثمانون عامل وعاملة من إجمالي عدد السكان، وكغيره من الاقتصاديات العالمية عانى الأردن من مشكلة البطالة في مختلف مراحله التي مر بها والتي كانت في كثير من الأحيان تعود لأسباب عدم المواءمة بين حاجات سوق العمل ومخرجات منظومة التكوين والتدريب والتعليم التي أدت إلى اختلال التوازن بين العرض والطلب في مستوى الأداء في الاقتصاد الأردني في العقدين الماضيين إلا انه يلاحظ أن معدلات البطالة في الآونة الأخيرة اتصفت بالاستقرار النسبي وهذا يعود إلى السياسات الحكومية في هذا المجال والتي نصتها برنامج التحويل الاقتصادي والاجتماعي، وبالتالي قدرت البطالة في نهاية العام بـ(١٣,٩%)

كما وتقدر نسبة البطالة لذوي المستوى التعليمي بكالوريوس فأقل بنسبة (١٥,١%). (وزارة العمل، ٢٠٠٣).

كما وتشير الإحصائيات إلى أن ما نسبته (٥٦%) من المتعطلين هم دون سن الثلاثين من العمر و(٧٧%) دون سن الخامسة والثلاثين كما أن حوالي (٦٥%) من المتعطلين هم من حملة الثانوية العامة فما دون ومما يلاحظ أيضاً أن أكثر الإناث المتعطلات هن من حملة دبلوم كليات المجتمع (٤٦,٥%) في حين أن (٥٥%) من المتعطلين الذكور هم من الذين يتركون المدرسة في مرحلة التعليم الأساسي.

فقضية توجيه التعليم لغرض الإنتاج وتحسين الأداء والاقتصاد ليست كما يتصورها البعض مجرد علاقة رياضية بين المنتج وسوق العمل أو من الوظائف التي تستدعي بناء برامج تعليم جديدة، أو حجم ونوع المنشآت التعليمية المطلوبة، أو التوسع في التعليم المهني والفني، إنما المسألة تنحصر ـ أساساً في صياغة فلسفة وأهداف تربوية تلبي الحاجات المستقبلية. فالمحتويات التعليمية والأساليب يجب أن يلبيا فلسفة البعد الكيفي للتعليم. والتعليم الموجه نحو العمل المنتج يحتاج إلى إمكانات مادية وبشرية تعينه على السير في تنفيذ خطط إعداد القوى العاملة. وهذا يستدعي التنسيق مع القطاعين الاجتماعي والاقتصادي من منظور التوافق مع الفلسفة والأهداف التربوية. فالكثير من مشاكل القوى العاملة يمكن معالجتها عن طريق التعليم، فالتخطيط التربوي قبل كل شيء يتحتم عليه أن يرتب أوضاعه الداخلية، ويدفع من كفاءته، ويعيد النظر في برامجه وتنظيماته ونظم القبول للتخصصات المختلفة،

ولا بد أن يكون التعليم تعليماً مهنياً ومنتجاً وليس لمجرد الحصول على الثقافة العامة. (الشراح، ٢٠٠٢).

فالتحدي الكبير الذي يواجه كل نظام تربوي هو في كيفية إيجاد توازنات بين الطلب الاجتماعي على التعليم والاحتياجات الفعلية لسوق العمل. وقضية كهذه ليس من اليسير تحقيقها ما لم تتضافر جهود المجتمع على المستويين الحكومي والشعبي، كما وقد أثبتت التجارب السابقة في مجال العلاقة بين مخرجات التعليم وسوق العمل، فقد تأثر بحالة عدم الاستقرار للنظم الاقتصادية في كثير من الدول. فلقد ظهرت اختلالات كالعجز في الاقتصاد بسبب الحروب، أو التحكم في التجارة العالمية وغيرها كانت لها انعكاسات في ضياع الموارد المالية وتفشي البطالة ووجود فائض في القوى العاملة.

وتنخفض معدلات البطالة حسب المستوى التعليمي والموضحة في الجدول التالي، يتبين أن هناك تذبذبا في معدلات البطالة عند الأميين خلال الفترة (١٩٩١-٢٠٠٢)، إذ سجل أعلى معدل بطالة لهم عام ١٩٩١ وبلغ ١٠,٧% وأقل معدل كان عام ١٩٩٤، وبلغ ٧,٧% ثم ارتفعت إلى ٧,٩ عام ٢٠٠٢م.

- جدول معدلات البطالة حسب المستوى التعليمي خلال الفترة (١٩٩١-٢٠٠٢)

المستوى التعليمي	١٩٩١	١٩٩٤	١٩٩٨	٢٠٠٢
أمي	%١٠,٧	%٧,٧	%٩,٨	%٧,٩
اقل من ثانوي	%١٥,٧	%١٤,٥	%١٥,٥	%١٦,١
ثانوي	%١٨,١	%١٥,١	%١٣,٠	%١١,٦

دبلوم متوسط	٢٩,٠%	٢٥,١%	٢٠,٦%	١١,٨
بكالوريوس فأقل	١٦,٨%	١٣,٠٠%	١٤,٦	١٤,١%

- المصدر: وزارة التعليم العالي والبحث العلمي التطوير الإحصائي لمستوى لعام ٢٠٠٢، ص٧.

أما معدلات البطالة لحملة المؤهلات التي تقل عن الثانوية العامة، فقد سجلت ارتفاعاً محدوداً ومستمراً خلال المحطات الزمنية الثلاثة الأخيرة (٩٤، ٩٨، ٢٠٠٢) لهذه الدراسة إذ بلغت معدلات البطالة لهذه السنوات (١٤,٥%)، (١٥,٥%)، (١٦,١%) على التوالي. وغالباً ما يكون المتعطلين ضمن هذا المستوى التعليمي (اقل من الثانوي) هم من المتسربين من مرحلة التعليم الأساسي وخريجي مراكز التدريب المهني، وقد يستدعي ذلك إعداد برامج تأهيل وتدريب خاصة بالطلبة المتسربين من المرحلة الأساسية لزيادة فرص المنافسة التشغيلية لهم، وهذا بالإضافة إلى تطوير تلك المراكز. أما فيما يخص معدلات البطالة لحملة الشهادة الثانوية العامة، فقد انخفضت وبشكل مستمر من ١٨,١% عام ١٩٩١ إلى ١٦,٦% عام ٢٠٠٢. ويعزى السبب إلى قابلية سوف العمل الأردنية في توفير فرص العمل الجديدة لخريجي المستويين، أما معدلات البطالة لحملة درجة الجامعة الأولى قد طرأ عليها انخفاض محدود خلال السنوات الأربعة الأخيرة لهذه الدراسة حيث انخفض المعدل من ١٤,٧% عام ١٩٩٨ إلى ١٤,١% عام ٢٠٠٢. (الدعجة، ٢٠٠٤).

* العمل والتعليم والتدريب:

من المسلم به أن نوعية العمل هي نتاج لعمليات التعليم والتدريب بالدرجة الأولى. ومن الملاحظ إلى المستوى المعرفي والمهاري لهيكل قوة العمل قد تحسن خلال العقدين الماضيين، كما تدل على ذلك بعض الإحصاءات المتاحة. ومع ذلك فما تزال نسبة الأمية عالية في قوة العمل العربية حيث تتجاوز في متوسطها نسبة (٤٢%)، وترتب على ذلك النسبة الكبيرة للعمال اليدويين والعمالة شبه المهرة وغير المهرة بما يصل إلى حوالي (٦٠%) من هيكل قوة العمل. ومن هنا جاءت أهمية مكافحة الأمية والتعليم الوظيفي للكبار. فضلاً عن أهمية التدريب الفني والعملي لفئات متعددة من قوة العمل سواء من الداخلين الجدد، أو من المشتغلين فعلاً، أو من المتعطلين الباحثين عن عمل في مؤسسات التعليم غير النظامي، وبهذا حددت "إستراتيجية تنمية القوى العاملة العربية" التي قررتها منظمة العمل العربية المحاور الرئيسية لتنمية القوى العاملة بما في ذلك محور التدريب المهني ومحور الثقافة العالية باعتبارهما الركائز الهامة في تطوير العمال العربية. (منظمة العمل العربية،١٩٨٥).

ومهما يكن من توجهات في تطوير برنامج التعليم ومناهج التدريب، فمن الضروري السعي إلى بناء الإنسان العربي وتكوينه تكويناً متكاملاً لمواجهة التحديات العربية والتكنولوجية والقيمة التي تهيؤه لإحداث النهضة العربية خلال هذا القرن، مما يستدعي مفاهيم وأساليب متقدمة ومهارات جديدة وقيم فاعلة ومحركة للفرد والمجتمع، تتطلبها الكفاءة والفاعلية في العمل، وتستمد أدواتها وآلياتها وخبراتها من معارف العصر وتكنولوجياته ومستلزمات التنظيم

والتعامل فيه، والالتزام بأسس الإدارة العلمية والإنسانية في تسيير وحدات العمل ومواقفه. وكل هذه المطالب والتوجهات تستدعي أن ينشأ المواطن منذ نعومته من قبل الأسرة والمدرسة ووسائل التنشئة والتثقيف الأخرى. وهكذا يعد الفرد للكفاية الإنتاجية العالية لكي تتوفر السلع والخدمات المطلوبة للوفاء بحاجاته المختلفة، ويؤدي هذا الإشباع بدوره الكمي والنوعي، حجماً ومستوى إلى التنامي في الإنتاج والإنتاجية، وبهذا يصبح العمل حقاً مستحق كما يغدو واجباً ملزماً، غاية إنسانية نبيلة ووسيلة مجتمعية للتقدم والرفاه.

من هذا المنطلق لا بد أن نعي غاية الغايات في كل عصر- وفي عصرنا المتغير خاصة أن يرتبط التعليم العالي بالإنتاج وان تجعله وثيق الصلة بحاجات الإنتاج الاقتصادي والاجتماعي وأدواته وبناه وميادينه المتجددة. ولا يقتصر الربط للتعليم العالي تبعاً لحاجات السوق الاقتصادية والاجتماعية، أو تغيير مناهج الدراسة والاختصاصات تبعاً للحاجات الجديدة، بل يتجاوز ذلك إلى تحقيق هذا الربط في خطة الدراسة وطرائق الدراسة نفسها. وتعني بذلك أموراً كثيرة، منها الربط بين مؤسسات التعليم العالي وبين المؤسسات الاقتصادية المختلفة، ولا سيما فيما يتصل بمحتوى الدراسة وبتدريب الطلاب. ومنها أن تجعل من بعض المؤسسات الصناعية أو سواها من المؤسسات الاقتصادية مكاناً للتعليم العالي، ومنها أن نحقق التناوب بين الدراسة والعمل. وهذا يتطلب توفيره تدريبياً مستمراً للفنيين والاختصاصيين بعد تخرجهم وبعد دخولهم سوق العمل. ومنها أن يعمل إعطاء الهيئة التدريسية في بعض المؤسسات الاقتصادية وان يسهوا في بحوثهم

ومشروعاتهم، إلى الجمع بين التعليم والبحوث الميدانية والإنتاج. (عبد الدايم، ١٩٨٨) فالمواءمة النوعية بين التخصص والعمل وكذلك الجانب الكمي من حيث محاولة تحديد التخصصات التي تستأثر بأعلى نسبة البطالة بين المتخصصين. وأما الجانب النوعي، وذلك بتحديد نسب خريجي كليات المجتمع والجامعات (البكالوريوس، والماجستير) العاملين في تخصصاتهم وأولئك العاملين في غير تخصصاتهم ونسب المتعطلين بحسب التخصص. (دائرة الإحصاءات العامة، ١٩٩٧). وللوصول إلى مثل هذه المعايير فقد اعتبر كل المتخرجين من تخصص معين في المستوى الواحد (دبلوم، بكالوريوس) وحدة واحدة ثم تم توزيعهم بحسب حالة المشاركة (أما عاملين في تخصصاتهم، عاملين في غير تخصصاتهم، ومتعطلين). فقد يترتب أن نسبة العاملين في تخصصهم لتخصص العلوم التربوية وإعداد المعلمين بنسبة ٧٦,٧% ونسبة العاملين في غير تخصصهم ٨,٠٨ % ونسبة المتعطلين ١٥,١٥% وفي العلوم الإنسانية على سبيل المثال أيضاً نسبة العاملين في تخصصهم ٧٥,٤% ونسبة العاملين في غير تخصصهم ١٠,٣% ونسبة المتعطلين ١٤,٢٥ % وتتبع أهمية معايير المواءمة النوعية من إدراكنا بان التعليم هذا استثمار في الإنسان ولصالح المجتمع وبالتالي فإن من أوجه الهدر ليس فقط في تخريج أفواج من المتعطلين وإنما أيضاً في تخريج أفواج تعمل في غير تخصصاتها. (النهار، ١٩٩٩).

* اتجاهات متوسط الدخل للفرد:

لقد حقق العالم العربي نمواً في الناتج المحلي الإجمالي التخطيطي بلغ متوسط ٣,٣ % خلال الفترة من عام ١٩٧٥م إلى عام ١٩٩٨م. غير أن تأثير هذا النمو على رفاهية السكان يرتبط بشكل وثيق بمعدلات تزايدهم. وعليه فقد بلغ معدل نمو الناتج الحقيقي للفرد خلال الفترة الممتدة من ١٩٧٥م إلى، ١٩٩٨ نحو (٠,٥%) سنوياً، بينما تجاوز متوسط الزيادة على الصعيد العالمي ما نسبته (١,٣%) سنوياً. ويعني ذلك وجود ارتفاع طفيف لغاية في متوسط معيشة السكان، أن لم نقل بوجود شبه ركود في هذا المجال. (برنامج الأمم المتحدة الإنمائي، ٢٠٠٢).

كما لا بُد من التمييز بين ثلاثة مراحل لتطور متوسط الناتج المحلي الإجمالي للفرد، الذي بلغ (١٨٤٥) دولاراً أمريكياً في عام ١٩٧٥م وسجل ارتفاعاً ملحوظاً حتى عام ١٩٨٠م حيث وصل إلى ٢٣٠٠ دولار، أي بزيادة قدرها (٥,٦%) سنوياً في المتوسط، ثم تراجع في انهيار مروع إلى نحو سالب قدره (٢,٣%) خلال الفترة (١٩٨٠-١٩٩٠)، مؤكداً بذلك تدهور الوضع الاقتصادي والاجتماعي الذي أصاب العالم العربي في هذا العقد، كما ويلاحظ أن البلدان ذات الدخل المرتفع (بلدان الخليج) سجلت أعلى نسبة في التدهور منذ عام ١٩٨٠ حيث تراجعت حصة الفرد. أما البلدان ذات الدخل المتوسط كانت الوحيدة التي سجلت تحسناً طفيفاً في الفترة في مجموعها (٠,٩%) حيث شهد نمواً كبيراً بين عامي ١٩٧٥ و١٩٨٠ (٥,٨%) ثم تلاه

انهيار ومن ضمن هذه الدول متوسطة الدخل هي الأردن ومصر وعُمان وتونس والمغرب وسورية والسودان. (برنامج الأمم المتحدة الإنمائي، ٢٠٠٢).

كذلك يعتبر أن ارتفاع الدخل قد لا يفي شيئاً إذا لم يستثمر هذا الدخل كلاً أو جزءاً من أجل تحسين أحوال الناس. يضاف إلى ذلك سوء توزيع الدخل هو الآخر قد يؤثر سلباً على وضع التنمية البشرية المستدامة، إلا أن التغيير في وضع التنمية البشرية في العالم العربي كان محدوداً واقتصر على أقطار قليلة. فالمتتبع لتصنيف الأقطار العربية حسب إجماليات التنمية البشرية، فأغلبها يقع ضمن الفئة ذات البيئة البشرية المتوسطة. (الفئة الوسطى)، أما القلة منهما يقع ضمن الفئة العليا. (الحسيني، ١٩٩٧: ١٧١) أما بالنسبة للأردن فنجد في عام ١٩٩٠م صنف في المرتبطة الثالثة والسبعين بين دول العالم في حقل التنمية البشرية، ثم أصبح في السنة ١٩٩١م في المرتبة الثالثة والثمانين والتاسعة والتسعين والثامنة والتسعين في السنوات ١٩٩٢، ١٩٩٣، ١٩٩٤ على التوالي، كما ويحتل الأردن موقفاً جيداً في سلم التنمية البشرية بين الدول العربية، فمن بين ستة عشر بلداً عربياً شملها تقدير التنمية البشرية للعام عام ١٩٩٧م يقع الأردن في المرتبة العاشرة. والملاحظ هنا أن أكثر من نصف الدول العربية الواردة في التقرير هي دول نفطية، معظمها ذات مستويات عالية للتنمية البشرية، ويرجع ذلك بالدرجة الأولى إلى ارتفاع مستويات الدخل في هذه الدول بشكل كبير مع ما يتبع ذلك من ارتفاع مستويات التغذية والصحة التي تنعكس إيجابياً على معيار توقع الحياة عند الولادة. ويستنتج من هذه المعطيات أن الأردن بحاجة إلى تسريع في عملية التنمية البشرية للحاق بدول عربية ذات مستوى أعلى.

(جرادات، ١٩٩٧: ٤٨)، في حين بلغ نصيب الفرد من الناتج المحلي الإجمالي (دينار أردني)حوالي(١,٢٣٦,٨). (دائرة الإحصاءات العامة، ٢٠٠٢).

وبالرغم من وجود عدد من العوامل التي تؤثر على نمو الناتج المحلي الإجمالي في البلدان العربية التي تشمل انخفاض سعر صرف العملات الوطنية بالنسبة للدولار وتراجع العائدات النفطية. وأعباء المديونية، والاختلالات الهيكلية فقد حققت غالبية البلدان العربية نمواً في ناتجها المحلي الإجمالي في النصف الثاني من الثمانينيات نتيجة للسياسات الناجمة التي التزمت بها الحكومات العربية. فقد أعادت اغلب هذه الحكومات النظر في نهجها التنموي واتبعت الحكومات في الدول العربية النفطية سياسات وبرامج اقتصادية تهدف إلى الكشف مع التطورات الاقتصادية وتقليص الاختلالات الداخلية والخارجية وذلك عن طريق تقليص حجم الإنفاق العام الجاري والاستثماري. ويرتبط نصيب الفرد من الناتج المحلي الإجمالي ارتباطاً عضوياً بالناتج المحلي الإجمالي المتحقق. فكلما زاد هذا الناتج زاد نصيب الفرد منه إذا توافر شرطي عدالة التوزيع. وحرية المشاركة وحيث أن هذين الشرطين قد لا يتوافران في عديد من البلدان النامية بشكل عام، فإن قياس التنمية البشرية يعتمد على البيانات التي توضح الدخل الذي يصل فعلاً إلى الفرد والذي قد يعكس أو لا يعكس حقيقة الناتج المحلي الإجمالي ومدى نموه.

وبشكل عام توضح هذه البيانات الإحصائية أن النمو في نصيب الفرد من الناتج المحلي الحقيقي في غالبية البلدان العربية وبخاصة غير النفطية منها نمواً متواضع، وهو في البلدان العربية النفطية لا يعكس تنمية حقيقة تقوم

على قاعدة إنتاجية مادية متجددة، إنما يعود إلى النمو في الناتج القومي الإجمالي المتأتي من الإيرادات النفطية.

* واقع سوق العمل في الأردن:

إن سوق العمل في الأردن، ولأسباب كثيرة، اتسم بحالة من عدم التوازن ما بين أوضاع نظام التعليم فيه وبين متطلبات سوق، سيما في السنوات الأخيرة، مما أدى إلى ظهور مشكلة البطالة بمستويات عالية نسبياً. ولمختلف المستويات والتخصصات التي ينتجها النظام التعليمي. وأن واقع سوق العمل في الأردن يشير إلى خريجي الجامعات وكليات المجتمع في هذه المرحلة يتصدرون فئات العاطلين عن العمل. ومن ناحية أخرى، فإن حالة عدم التوازن في سوق العمل قد أدت إلى حدوث فائض في بعض التخصصات ونقص في تخصصات أخرى. بل يلاحظ في سوق العمل الأردني تزايد فئة المتخصصين وبعض ذوي المهارات قياساً إلى مجموع العاطلين عن العمل. وتوضيحاً للصورة، فإننا نورد أهم خصائص سوق العمل في الأردن كما يلي: (التل، ١٩٩٨).

١. التأثر بالأوضاع الإقليمية: يعتبر سوق العمل الأردني شديد التأثير والحساسية بالأوضاع الإقليمية والدولية، بحيث تركت هذه الأوضاع آثارها الإيجابية والسلبية على سوق العمل الأردني.

٢. الهجرة الدولية: تعرض سوق العمل الأردني في العقود الأربعة الأخيرة إلى موجات عديدة من الهجرات السكانية والعمالية، وآخرها في عام

١٩٩٠م نتيجة حرب الخليج، وكان لهذه الهجرات تأثيراً مباشراً على سوق العمل، تمثل في ارتفاع معدلات البطالة. ومن جانب آخر، تعرض سوق العمل إلى ثلاثة أنواع من الهجرات العمالية وهي: الهجرة العمالية الأردنية للعمل في الخارج، والهجرة الوافدة للعمال غير الأردنيين للعمل في الأردن، والهجرة العائدة للأردنيين العاملين في الخارج. (وزارة العمل، ١٩٩٥).

٣. النمو السكاني: أن نسبة ارتفاع السن في المجتمع الأردني ساهم في انخفاض معدل المشاركة الاقتصادية، ومعدل مشاركة المرأة في سوق العمل الأردني ما زال متدنياً بالمقارنة مع الدول التي تتشابه ظروفها الاقتصادية والاجتماعية مع ظروف الأردن حتى وصل إلى (١٤،٠%) في عام ١٩٩٥.

٤. البطالة: تقاس البطالة من خلال ما يعرف بمعدل البطالة، وهو يساوي عدد الباحثين عن العمل مقسوماً على عدد القوى العاملة في سوق العمل. وقد شهدت الأردن ارتفاعاً في معدلات البطالة بنسبة إلى إجمالي القوى العاملة الأردنية في المملكة من ٣،١ % عام ١٩٨١م إلى ١٦،٨% عام ١٩٩٠م إلى انخفاض ١٤،٢% عام ١٩٩٥م. (وزارة العمل، ١٩٩٧: ١١).

* مشاركة المرأة في سوق العمل:

لا شك في أن الواقع السكاني يعكس معدل الضرورة الملحة لمشاركة الإناث في عملية التنمية الاقتصادية والاجتماعية، ومن ثم حتمية وجودها في

١٤٩

سوق العمل. ومـن ناحيـة أخـرى، تـنعكس هـذه المشاركة عـلى المرأة في معدلات دخول الإناث في سوق العمل التي تتوقف بدورها على عوامل عـدة، لعل أهمهـا حجـم السـكان الإنـاث في المجتمـع، والسياسـات التعليميـة والتدريبيـة، والعادات والتقاليد الاجتماعية.

كما وقد أشار برنامج الأمم المتحدة الإنمائي لعـام (٢٠٠٤) أن للثقافـة دور في تأسيس علاقة هامة بين المداخيل النسبية والقدرات البشـرية المطلقة، إذ أن مـن الممكن أن يؤدي الحرمان النسبي في المداخيل، داخل المجتمع المحلي، إلى الحرمـان الاجتماعي المطلق. مثالاً على ذلك. أن كـون دخـل المـرء في مجتمع ضئيل القيمة نسبياً قد يولد فقراً مطلقاً لهذا الإنسان؛ بسبب عجزه مالياً عن الحصول على السلع التي يستوجبها أسلوب العيش في ذاك المجتمع، حتى أن كان دخله أعلى مـن دخـل معظم الناس في بلدان أخرى اشد فقراً. من هنا.فإن مجرد الفكرة العامة عن الفاقـة الاقتصادية تستدعي تحقيقات ثقافيـة. وفي إظهـار التقـدير الكـافي للحريـات والتأثيرات الثقافية في التنمية البشرية، يجب أن نتنبه إلى ما للثقافات المترسخة من نفوذ في حياتنا؛ وأيضاً إلى أهميـة التواصل بـين الجوانـب الثقافيـة للحيـاة البشـرية وجوانبها الأخرى.

لذلك يلاحظ أن من عناصر التنميـة المتواصلة والمستدامة أن الإستراتيجية العامة للتنمية تبني منظوراً مختلفـاً عـن التوجهـات التنمويـة التي سـادت خـلال العقود الماضية وهي تنمية رأس المـال المـادي مـن خـلال إقامـة مشـروعات كثيفة، فالإستراتيجية الجديدة للتنمية تتميز بكونها تعطي العنصر ـ الإنساني أهمية كبرى باعتباره أكثر الموارد الاقتصادية توافراً في الدول النامية.

كما ويشير برنامج الأمم المتحدة الإنمائي للعام (١٩٩٥) إلا أنه على الرغم من وجود محاولات عديدة لتحقيق المساواة بين المرأة والرجل فإنها ما زالت تمثل (٧٠%) من فقراء العالم، حتى أصبح هناك قول شائع أن الفقر له وجه امرأة، مما أدى إلى ظهور بعد ذلك ظاهرة تأثير الفقر وذلك بسبب تزايد النساء اللاتي يعيشن في فقر مدقع إذ تزايدت نسبتهن في معظم مناطق العالم.

وتجدر الإشارة إلى أنه لا بد للتنمية من تسخير كل الطاقات المادية والبشرية ولعل أهم عملية استثمارية تقوم بها أي دولة نامية هي تنمية مواردها البشرية والمرأة في المجتمع عادة ما تكون نصف الموارد البشرية التي يعتمد عليها في تنفيذ برامج التنمية الاقتصادية والاجتماعية بالإضافة إلى دور المرأة في تكوين شخصية أطفال المجتمع أو بمعنى آخر تنمية الموارد البشرية الصغيرة. وتلعب المرأة دوراً هاماً في الحياة الاقتصادية والاجتماعية، فعلى المستوى العالمي تمثل ثلث القوى العاملة ولكن عدد النساء العاملات يختلف من بلد لآخر حسب الأوضاع الاجتماعية والاقتصادية من دولة إلى أخرى.

وبهذا تعتبر مساهمة المرأة العربية في سوق العمل العربي مساهمة ضعيفة رغم أنها تشكل نصف المجتمع، وهذا أدى بالهيئة العربية للمرأة والتنمية أن تأمل أن يكون لها دوراً فعالاً في الحث على إدخال المرأة العربية في سوق العمل وزيادة نسبة مساهمتها فيه وتأثير ذلك على زيادة الإنتاج ودفع عملية التنمية في الدول العربية. كما وإذا أغفلنا الإنماء الاقتصادي المتوقع، واخترنا المصلحة الاقتصادية بمعناها الضيق فإن الإنسان يبقى من الناحية الاقتصادية رأس المال الكبير والمورد المهم لعناصر التنمية، وإعداد

رأس المال هذا هو مهمة أساسية يقتضي- إيلاؤها الأهمية الكافية نظراً لأهمية الإنتاجية. ومن هذا المنطلق يجب الاعتراف بان الأمومة. وضمن قيمتها الإنسانية، وظيفة تحمل المرأة أعباءها، لهذا اعتبرت عدة تشريعات غربية أن الأمومة تشابه الخدمة العسكرية في ميدان العمل، لذلك أعطيت الأمومة نفس الامتيازات التي تعطى للخدمة العسكرية. (منظمة العمل الدولية،١٩٩٢).

أما على مستوى المرأة الأردنية فقد بدأ الاهتمام بدراسة موضوع مكانة المرأة في الحياة العامة منذ بداية الخمسينات من القرن المنصرم. إلا أن هذا الاهتمام تركز في النواحي السياسية والقانونية لقضية المرأة من حيث حقها في المشاركة بالحياة العامة والمطالبة بالحصول حق الانتخاب والمشاركة في النقابات العامة وبتأسيس جمعيات نسائية واتحاد للمرأة. ثم بعد ذلك نصت خطة التنمية للأعوام ١٩٧٥-١٩٨٠ على ضرورة مساهمة المرأة في القوى العاملة وذلك عن طريق التوسع بالتعليم النسائي وبرامج التدريب المهني وإقامة الحضانات لمساعدة الأم العاملة.

ولهذا إشارات عدد من الدراسات إلى أن مساهمة المرأة في القوى العاملة في الأردن، قد ازدادت في العقود الأخيرة فبلغت (١٢%) في بداية الثمانينات، وتشير هذه الإحصائية، على انخفاضها، إلى أن نسبة مساهمة المرأة في الأردن في سوق العمل تعتبر من النسب العالية في العالم العربي، وتتركز القوى العاملة النسائية خارج قطاع الزراعة في قطاع الخدمات، وتعمل نسبة بسيطة في قطاع الصناعة، وهكذا فإن نسبة (٦٥%) من النساء العاملات

يعملن في جهاز الحكومة والخدمات، و(٥٠%) منهن يعملن كمدرسات و(١٥%) في البنوك والشركات. (شامي وتامينيان، ١٩٩٢).

ولقد تأثر وضع المرأة في الأردن بالهجرة إلى بلدان النفط وذلك من ناحيتين: فرص العمل التي خلقها غياب القوى العاملة المهاجرة والعائدات التي كانوا يرسلونها لعائلاتهم فلقد ازدادت هجرة العمالة الأردنية منذ ١٩٧٣م بسبب توفر فرص عمل في دول النفط بشروط أفضل، وهذا أثر بشكل مباشرة على المرأة العاملة في الأردن وإحداث ما يسمى بالحراك الوظيفي داخل المجتمع وأثرت في الوضع الطبقي وإتاحة الفرصة لفئات المجتمع الدنيا للصعود الاقتصادي. ولكن توقف هجرة العمالة الأردنية إلى دول النفط منذ أواسط الثمانينات وتطور البطالة في الأردن سيؤديان حتماً إلى تراجع مساهمة المرأة في القوى العاملة. ولم يتأثر وضع المرأة بهجرة العمالة فقط، بل تأثر أيضاً بمشاريع التنمية العامة في مجالي التعليم والصحة وغيرها بالإضافة إلى نمو المؤسسات الخاصة. فهذه المشاريع أحدثت تغييراً كبيراً في المجتمعات الحضرية والريفية في الأردن. (نصراوي، ١٩٨٦).

وتقوم النتائج التالية على مسوح ميدانية ففي عدد كبير من دول العالم شمل من البلدان العربية أربعة (الأردن والجزائر، والمغرب ومصر) تضم حوالي نصف سكان البلدان العربية. وإضافة للمنطقة العربية تتوافر بيانات تكفي للتوصل لنتائج عن ثماني مجموعات بلدان أخرى: بلدان إسلامية أخرى غير عربية، إفريقيا جنوب الصحراء، شرق أوروبا، جنوب آسيا، الولايات المتحدة الأمريكية وكندا واستراليا ونيوزيلندا، أمريكا اللاتينية، شرق آسيا، وغرب أوروبا. حيث جاء

موقف العرب حاسماً مع المعرفة ولكن متردداً حيال تمكين المرأة، من بين المناطق التسع غير العرب عن أعلى تقدير لدور العلم في خدمة البشرية، كذلك جاءت البلدان العربية على رأس القائمة بالموافقة على أن الديمقراطية أفضل من أي شكل آخر للحكم وجاءوا بأعلى نسبة رفض للحكم التسلطي، وفيما يتعلق بتمكين المرأة، احتلت الدول العربية المرتبة الثالثة بين المناطق التسع في رفض أن التعليم العالي أهم للرجل من المرأة بينما عبروا عن أعلى نسبة موافقة على أنه عند قلة فرص العمل، يجب أن يكون للرجال أولوية في العمل، بعبارة أخرى حبذت الدول العربية المساواة بين الجنسين (النساء والرجال) في التعليم وليس في فرص العمل. أي بلغة التنمية البشرية، في بناء القدرات البشرية للنساء ولكن ليس بتوظيفها. (برنامج الأمم المتحدة الإنمائي، ٢٠٠٣).

ولتفعيل دور المرأة وإدماجها بفاعلية ضمن مجالات التنمية الاقتصادية قد تكون لبعض المقدمات التالية قدر من تحقيق المرونة في شروط العمل منها:

- إتاحة فرص العمل لجزء من الوقت، وأن تكون المواعيد مرنة، تتناسب مع أعباء المرأة المنزلية، وبهذا يمكن أن تمنح المرأة إجازة طويلة نسبيا في فترة رعاية الأطفال الصغار.

- إبداء قدر من المرونة في تحديد ساعات العمل. وفي هذا الإطار يقترح البعض اقتسام الوظيفة بين أكثر من امرأة بما يتناسب مع احتياجات المرأة الفعلية.

وتأكيداً لما سبق أكد التشريع الأردني وبالدستور ضمن المادة (٢٣) منه (على العمل حق لجميع المواطنين وعلى الدولة أن توفره للأردنيين بتوجيه

الاقتصاد الوطني والنهوض به). ونتيجة لذلك فقد شـكلت نسـبة النسـاء في قوة العمل (لـ١٥سنة فأكثر) في الأردن مـا نسـبته (١٦,٠%)، أمـا نسبة النساء مـن مجموع المشتغلين (لـ ١٥ سنة فأكثر) قد بلغت   (١٤,٧%)، كـما وقـد بلغـت نسبة البطالة للإناث (٢١,٩%). (دائرة الإحصاءات العامة، ٢٠٠٣).

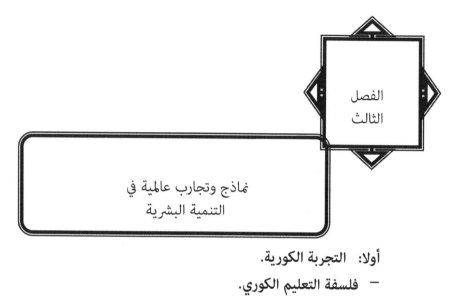

الفصل
الثالث

نماذج وتجارب عالمية في التنمية البشرية

الفصل الثالث
نماذج وتجارب عالمية
في التنمية البشرية

* تمهيد

يقدر خبراء التنمية والمختصون فيها دور التعليم في خطط وبرامج التنمية
المختلفة بما تمتلكه من آليات ووسائل لبناء شخصية الإنسان الذي ينتج التنمية
ويستفيد من ثمارها. ومع التطورات التي يشهدها العالم في الميادين المختلفة
أصبحت التنمية البشرية تمثل أزمة وثقلاً يقع على كاهل كافة المؤسسات التعليم
وبخاصة التعليم العالي والمتمثل بالتعليم الجامعي بكافة درجاته (البكالوريوس،
والماجستير، والدكتوراه) والتي صار لزاماً عليها أن تطور من أدائها وتحسن من
كفاياتها للإسهام بشكل فاعل في بناء الإنسان وإعداده ليتعامل مع المتغيرات
والتحديات التي تسير بشكل متسارع.

وباعتبار الجامعة الوحدة التنظيمية والأساسية في بنية النظام التربوي
والميدان الحقيقي لأي تطور أو تغير، بالإضافة إلى أنها تشكل دوراً أساسياً في تكوين
المواطن الصالح الحريص على مصالح مجتمعة والمتمسك بقيمة ومخرجات التعليم
الفعّال. ومن اجل ذلك سنبين بعض التجارب العالمية بهذا

الموضوع والتعرف على واقع تلك الدول في عملية التنمية البشرية مع بيان سياساتها التعليمية والمخرجات التعليمية..

أولا: التجربة الكورية:

* فلسفة التعليم الكوري وأهدافه.

أشار رشاد (١٩٩٧) إلى أن الثقافة الكورية والتي تستند إلى الأخلاق الكونفوشيوسية على أهمية التعليم ومن ثم يدرك الشعب الكوري التعليم بمثابة خاصية أساسية لهويته حتى أن الفكرة العامة والأساسية للقصص الشعبية هي النجاح عن طريق الدراسة الجادة. وينبع الاهتمام بالتعليم في كوريا من الفلسفتين الكونفوشيوسية والبوذية، وتنظر على أن التعليم هو مفتاح النجاح في الحاضر والمستقبل وكذلك تعميم الفائدة لكافة الجنس البشري. ووفقاً للمعتقدات الكونفوشيوسية فإن التنمية من خلال التعليم وغرس الأخلاق في الإنسان بمثابة السبيل إلى بناء المجتمع المثالي، حيث أن الإنسان يصبح أكثر حكمة من خلال التعلم، وأفضل من خلال ممارسة الفضيلة، ولتكوين هذا المجتمع يجب على كل فرد أن يتعلم الطقوس الأخلاقية.

أما أهداف التعليم في كوريا يمكن القول أنها اهتمت بمبدأ تكافؤ الفرص التعليمية، حيث للجميع حق الاستمرار في التعليم وفقاً لقدراتهم. واهتمت أيضاً بجوانب التنمية المجتمعية الشاملة سياسية واقتصادية واجتماعية وثقافية. وركزت الأهداف أيضاً على تنمية الشخصية المتكاملة -في إطار من الحفاظ على القيم الثقافية المحلية من جانب وللمساعدة في تحقق هدف

الازدهار المشترك للبشر من جانب آخر- مع التركيز في بنـاء هـذه الشخصية على تنميتها في بعدها الأخلاقي من خلال إعطاء الأهمية للتربية الخلقية.

* ملامح السياسة التعليمية:

فالسياسة التعليمية تتمثل بأنها مجموعة من الأهداف والاتجاهات والمبادئ المنسجمة والمنسقة والتي ينبغي أن ترتكز على مجموعـة مـن المنطلقـات الروحية والفلسفية والاجتماعية والاقتصادية والتربوية في شمول وتكامل، بحيـث يمكن مـن خلالها -وما تضمه من إجراءات ووسائل- أن تحقق أهدافها.

ومن أهم ملامح السياسة التعليمية ما يلي:

١. التوسع الكمي في التعليم. فالحكومة الكورية بـل وربمـا المجتمـع علـى قناعـة كاملة بأن للتعليم قضية حتمية لإحداث أي تنمية منشـودة، وعليه يمكن اعتبار التعليم في هذه الحالة هو قائد التنمية. كما استطاعت كوريا أن تخلق طلاباً حيث نجحت كوريا ليس فقط في تحقيق هـدفها القومي الرامـي إلى كفالة التعليم الإلزامي بل تتجاوز عام ١٩٨٥م بأنها أتاحت الفرصـة للتعليم الثانوي للجميع حيث بلغ معدل القراءة والكتابة بين البالغين عـام ١٩٩٣م إلى (٩٧,٦%) ثم بعد ذلك ربطت كوريا التعليم الجامعي بحاجاتهـا الاقتصادية والتي كانت تعتمد على كثافة الأيدي العاملة لإنتاج سلع تقليدية.

٢. الاهتمام بجودة التعليم: قام ثلاثون خبيراً من البنك الدولي حـول (المعجـزة الشرق آسيوية، النمو الاقتصادي والسياسات العامة) والتي

تناولت في الدراسة التحليل لثماني دول في إقليم شرق آسيا مـن بينهـا كوريا، مؤشراً معبراً عن جودة التعليم وكذلك توصلت الدراسة إلى أن كوريا تتمتع ببيئة تعليم متميزة تحفز الطلبة على عجلة التعليم حيث كانت أفضل بنسبة (١١٤%) عـن بيئـة التعليم في البرازيل وبنسبة (١٤٧%) عن بيئة التعليم في الباكستان.

٣. زيادة المشاركة الشعبية في التعليم: فإلى جانب الحكومـة الكوريـة التي تنفـق بالفعل خُمس ميزانيتها على التعليم فإن العائلات وكـذلك مؤسسات الأعمال تسهم بمبالغ إضافية ضخمة في التعليم والتدريب فعلى سبيل المثال كان مـا نسبته (٣٧%) من التعليم الثانوي بحيث في المدارس الخاصة عام ١٩٩٠.

٤. أحكام ربط التعليم بثقافة المجتمع: فالوظيفة الاجتماعية للتعليم كونها أداة فعالة لنقل وتحديث ثقافة المجتمع. وعلى ذلك يرتبط التعليم بالقيم ونظم الاعتقاد والاتجاهات الاجتماعية والسياسية للتلاميذ والطلاب. ولعل الميثاق الوطني للتعليم في كوريا والذي صدر عام ١٩٦٨م يُعد علامة هامة تشير إلى اهتمام السياسة التعليمية الكورية بفرضية ربط التعليم بثقافة مجتمعه، وقد تضمن هـذا الميثـاق رؤى فلسـفية واجبـة التحقيـق مـن خـلال التنميـة التعليمية.

٥. توثيق صلة التعليم بالتنمية: فهناك علاقة قوية وفاعلة مـن قبل السياسـة التعليمية في كوريا على تفعيل دور التعليم بـل وربطه بالتنميـة الفاعلـة في المجتمع، ذلك في ظل ثقافة وشخصية قومية حافزة على التعليم

واكتساب المعارف والمهارات من ناحية، وعلى العمل وما يرتبط به من منظومة قيميه من ناحية أخرى، من هنا يتضح أن السياسات والإجراءات لا يمكن أن تؤتى ثمارها المرجوة في غياب الربط بينها وبين الطابع القومي للمجتمع.

* التنظيم الإداري التعليمي في كوريا:

لعله من المتعارف عليه أن التنظيم يحوي "تقسيم العمل إلى أجزاء، وتصحيح الهيكل التنظيمي، وتحديد المسؤوليات والمناصب والعلاقات". فالنظام الإداري التعليمي يتكون من ثلاثة مستويات:

١. وزارة التعليم(Ministry of Education) والهيئات التي تخضع للوزير.

- المعهد القومي للبحث التربوي والتدريب.

(The National of Educational Research and Training).

- المعهد القومي للتقويم التربوي.

(The National in statute of Educational Evaluation).

- أكاديمية الفنون والعلوم.

(The Academy of Arts and Science).

- اللجنة القومية لجمع التاريخ.

(The National History Compilation committee.

- المكتبة القومية المركزية.

(The Central National Library).

٢. مجلس التعليم الإقليمي، حيث يناط بهذا المجلس المهام التالية:

- الإشراف على رؤساء مكاتب التعليم المحلية.
- إنشاء وإدارة المدارس الابتدائية والثانوية.
- الإشراف على المدارس الثانوية العليا.
- شؤون الأفراد الخاصة بالهيئة الإدارية.
- تنظيم وإدارة الحسابات الخاصة بالمصروفات.

٣. المكتب المحلي للتعليم (District Office of Education):
وهذا يقوم على الإشراف المباشر على التعليم لوضعه ضمن دائرة اختصاصها والذي يعد بمثابة السلطة الإدارية الأعلى.

* الإنفاق على التعليم في كوريا:
بلـغ مـؤشر الإنفـاق علـى التعليم كنسـبة مـن النـاتج القـومي عـام ١٩٩٠(٣,٦%).أما الإنفاق على التعليم كنسبة ما من الإنفاق الحكومي بلـغ عـام ١٩٩٠(٢٢,٤%).

كما وقد بلغ الإنفاق العام على التعليم في كوريا لكل فرد حتى عـام ١٩٩٢ ليصل إلى (٢٩٤) دولاراً في حين بلغ في نفس العام في البرازيـل (٩٧ دولاراً) للفـرد. و(٢٥) دولاراً في مصر.

فمن أهم النتائج المهمة بالتجربة الكورية:
- النمط الإداري السائد لتنظيم إدارة التعليم في كوريا يتميـز بالنمط المركزي بشكل عام وهناك بعض مظاهر اللامركزية.

- ترتبط المركزية التعليمية في كوريا برغبة الحكومات في التحكم في التعليم وتوجيه صوب المساهمة في إحداث التنمية الشاملة.
- وفي ظل التحول إلى الديمقراطية إمكانية حدوث قدر من التقليص لهذا النمط المركزي لصالح الأخذ بالنمط اللامركزي الذي يمثل اتجاهاً عالمياً معاصراً.
- تتعدد وتتنوع مصادر الإنفاق على التعليم مما يساهم في توفير النهضة التعليمية الكورية، فبالإضافة للإنفاق الحكومي هناك إنفاق الآباء على أبنائهم ومساهمات مؤسسات الأعمال والصناعة في تمويل التعليم؛ خاصة التعليم المهني والفني.

ثانياً: تجربة خمسة دول آسيوية (تايلاند، كوريا، إندونيسيا، سيريلانكا والفلبين):

بين كل من كامرون ومالكوم وكرستوفر (Cameron, Malcolm, christopher, ٢٠٠١) إلى أن تجربة التعليم ومشاركة النساء في سوق العمل في آسيا من خلال خمس دول وهي كوريا وتايلاند وسيريلانكا وإندونيسيا والفلبين، وتتمثل هذه التجربة باختيار العلاقة بين التعليم والقوى العاملة ومشاركة النساء في القوى العامل من خلال خمس دول نامية في آسيا، وكذلك عملية اتخاذ القرار المتدني، ومحددات مشاركة سوق العمل، والعمل على إيجاد التشريعات في تطوير السياسة العامة.

فلقد احتل دور تعليم المرأة في التطور الاقتصادي مساحة كبيرة في الأدب ومواضيع حول رفع كفاءة المرأة، فتعليم المرأة ومشاركتها سوق العمل يزيد من وضع النساء في كل من المجتمع والبيت، وله دور إيجابي في تحقيق الإنجاب والنمو السكاني، بالإضافة إلى زيادة الوعي الصحي والعمر المتوقع للطفل عند الولادة، وانخفاض موت الأجنة، وتخفيض الملوثات البيئية.

فالعملية التي دخلت فيها النساء سوق العمل بعد التخرج تعد نقطة حرجة لفهم كيفية تطور مستويات دخل النساء والوضع الاجتماعي في الدول النامية، وكيفية توظيفها، فمعظم الدراسات السابقة حاولت أن تبين العلاقة بين تعليم النساء ومشاركتها لسوق العمل احتاجت فقد لاستخدام البيانات المتسلسلة في حين قد تكون هذه الدراسات بناءة بمشاركة النساء بسوق العمل.

كما بينت التجربة بعض الآراء حول مشاركة الزوجة لسوق العمل من قبل زواجها فمنهم من كان يرغب بان تكون الزوجة عاملة ولكن نجد الزوجة ليس لديها الرغبة بالعمل في حين إن كان هناك أيضاً العكس نجد أن الزوجة لديها الرغبة بالعمل في حين أن الزوج كان يرفض ذلك بسبب عمل الزوجة بالبيت والقيام على رعاية الأطفال.

أما أهم التطبيقات ونتائج السياسة العامة التي يعملها هذه التجربة البيت يعمل على مساهمة فمنها لاتخاذ القرارات المنزلية في مشاريع دور المرأة لسوق العمل في المجتمعات الآسيوية.

أولاً: التأثيرات المتوقعة لتعليم المرأة على مشاركتها سوق العمل حيث نوقشت ضمن موضوع نظام المفاعلة المتزايدة في اتخاذ القرارات المنزلية.

ثانياً: تحليل كلي لمحددات المشاركة النساء المتزوجات، من خلال استخدام مستويات البيانات المنزلية (إندونيسيا، كوريا، الفلبين، سيريلانكا، تايلاند) وهذه التحاليل الدولية التي استخدمت بيانات، سمحت لنا مقارنة محددات مشاركة النساء في سوق العمل في تلك البلدان مع اختلاف مستويات الدخل وأثرها على التنمية البشرية ضمن المتغيرات، مستوى الدخل، مراحل التطور بمشاركة النساء لسوق العمل، وخصائص الثقافات.

وأشارت التجربة إلى اختلاف بشكل كبير عبر هذه البلدان باستثناء دولة واحدة بأن تعليم المرأة لم يؤثر على مشاركتها للعمل في كوريا وبالمقابل أو على النقيض أن التعلم ما قبل الجامعة اثبت تأثير كبير على المشاركة في كل البلدان باستثناء إندونيسيا لمشاركة المرأة لسوق العمل وأثر على التنمية البشرية.

وكذلك العلاقات تختلف بشكل واضح حسب البلد، ومن المهم اعتبار الموضوع الثقافي عند محاولة توقع الأثر للسياسات التي تزيد من مستويات تعليم المرآة على مشاركة المرأة في سوق العمل وعلى التنمية المستدامة ككل، وفي بلدان تجد للجنس دور واضح مثل كوريا وسريلانكا حيث يزيد من مستوى تعليم المرأة وتحقيق التنمية البشرية ولا يلاحظ تأثير واضح على مشاركتها في بعض البلدان لسوق العمل لأن المرأة في تلك البلدان سواء

تعلمت أو لم تتعلم فهي عاملة وفاعلة في سوق العمل لرفع التنمية البشرية، بينما في بلدان أخرى نجد أن تأثير الجنس لا يؤخذ بعين الاعتبار مثل تايلندا والفلبين فتوجد علاقة قوية بين تعليم المرأة ومشاركتها لسوق العمل.

النموذج النظري عرف عاملين رئيسين من خلالها إمكانية تأثير تعليم المرأة على مشاركتها سوق العمل من خلال الراتب (دخل الفرد) وتأثير فاعلية الزوجة في سوق العمل.

* أهم نتائج تجربة شرق آسيا لخمس دول آسيوية

- هناك موافقة من قبل الرجال لعمل النساء في حين يرفض بعض النساء العمل.
- لم يؤثر التعليم للمرأة مشاركتها لسوق العمل مثل كوريا.
- تأثير التعليم على مشاركة السناء لسوق العمل بكل البلدان باستثناء إندونيسيا.
- تأثير التعليم سلبي للنساء مثل سريلانكا وذلك بسبب أن المرأة السيريلانكية عاملة سواء كانت متعلمة أو غير متعلمة.
- للجنس دور فعال بمشاركة المرأة مثل كوريا وسريلانكا.
- ليس للجنس دور كبير في العمل لرفع مستوى التنمية البشرية في كل من تايلندا والفلبين.
- تعليم المرأة ومشاركتها سوق العمل يزيد من وضع النساء كل من المجتمع والبيت وله دور إيجابي في تخفيض نسبة الإنجاب والنمو السكاني،

بالإضافة إلى زيادة الوعي الصحي والعمر المتوقع للطفل عند الولادة، وانخفاض موت الأجنة، وتخفيض الملوثات البيئية.

أشارت التحليلات بعدم وجود أي علاقة بين تعليم المرأة ومشاركتها سوق القوى العاملة في آسيا.

ثالثا: التجربة اليونانية:

وضح كل من جوفيس ودنيوسيوسيس (Gouvias, Dionysios, ١٩٩٨) التجربة اليونانية من خلال العلاقة بين الدخول غير المتساوي للتعليم العالي وبنية سوق العمل، تتلخص التجربة اليونانية بحث الناتج (العوائد) بأنها غير متساوية للتعليم وسوق العمل في اليونان، وركزت التجربة على الامتحانات الوطنية وعملية دخول الطلبة التعليم العالي، مع بيان الفروقات ليس فقط بين المؤسسات التعليمية العليا ولكن أيضاً بين الوظائف المتعددة بسوق العمل من خلال الرجوع إلى قوائم البيانات، بالإضافة إلى معرفة أنماط التوزيع للطلبة في الجامعات المختلفة والمعاهد التعليمية العالية وتصنيف الطلبة بناءً على مهنية ومستوى تعليم آبائهم أو ذويهم.

كما أن لدى اليونان واحدة من الأنظمة العلمية العالية والمتشددة في أوروبا بسبب ليس فقط الأعداد أو السياسة من قبل المدن لتحديد أماكن الجامعات، لكن أيضاً لوجود خلل في توفير البدائل، فهذه تتحدى بجدية الجامعات الحكومية ومعاهد التعليم العالي الأخرى على مبدأ الترفع، والأمان

الوظيفي ومستويات عالية الاختيار، بحيث يكون يوم واحد لكل امتحان، وتعقد بمكان مرموق في الجامعة اليونانية، والتغيرات التي حدثت خلال العقود الثلاثة الماضية حيث لا يمكن بأي حال من الأحوال اعتبارها محورية وأساسية، ويعتبر كسب معقد في الجامعة عبارة عن نجاح بحد ذاته، حيث كان في عقد الثمانينات ضغط جماهيري لتحرير دخول الجامعات، لكن بسبب المقاعد المحدودة، وهذا أدى إلى عدم توازن في التحكم بطرق القبول في الجامعة إلا عن طريق نظام الامتحان الوطني، على عكس ما كان قبل السبعينات من تحرير في دخول الجامعة.

وبالرغم من ارتفاع نسبة عدد المقاعد في الجامعة (١٨% للجامعة) و(٣٥%) للمعاهد التي تدرس ثلاث سنوات من أعداد الطلبة الناجحين في الامتحان الوطني، مما جعل الكثير من الطلبة التوجه إلى خارج اليونان لاستكمال دراستهم الجامعية.

أما النظرة العامة لعدم مساواة الدخول للتعليم العالي على المستوى الوطني ليس فقط بين أو ضمن مؤسسات التعليم العالي المختلفة، لكن أيضاً بين الانضباطات العلمية المتعددة وبين الوظائف المتعددة في سوق العمل، هذا بسبب التعقيد بنظام الامتحان الوطني.

ويتمثل أهمية الامتحان العام للجامعات، لما يسهل بتكافؤ الفرص لمجموعات مختلفة في المجتمع، كانت الفكرة الرئيسية للدراسات في الماضي وللتميز بين النجاح والفشل والتي تبرزه الامتحانات وهذا عكس اهتمامات وظيفية واجتماعية، بينما الهدف من الامتحانات هو اختيار عناصر جيدة للمنهاج، أما

التأثير النفسي على الطالب مثل الضغط، والتردد وغيرها لعمل تطوير على الامتحانات، أن محتوى الامتحان يعكس محتوى المنهاج بعكس ما كان في الماضي وفي معظم الدول الأوروبية، حيث أظهرت اعتماد المنهاج على متطلبات الامتحان، وفي هذه الحالة بدل من امتلاك الامتحانات للمساهمة في المناهج يصبح المنهاج متذبذباً للمتطلبات المحدودة.

* إيجابيات الامتحانات الوطنية:
- تبين أجزاء جديدة ومختلفة لتقييم قدرات الطالب المختلفة.
- التجانس بتطبيق التقييم عُمل بناءً على معيار عام.
- إدارة فعالة لتطبيق الإجراءات.

* سلبيات الامتحانات الوطنية:
- فهم ضيق لمغزى إنجاز المدرسة ما قبل الجامعة.
- خطر العنصرية ضد مجموعات عرقية أو اجتماعية.
- قليل الشرح ويفسر النتائج فقط.

وكان الامتحان في الجامعات اليونانية ما قبل السبعينات لا تعمل بشكل جيد على امتلاك الطالب المهارات المناسبة للدخول إلى سوق العمل، حتى الذين استطاعوا أن ينهوا مرحلة التعليم كانوا ضعفاء أما للعمل أو حتى لاستكمال الدراسات العليا، وبعد ذلك أصبح المناخ مناسب لإصلاحات السياسة والتعليمية والاجتماعية، والعمل بأخذ السياسات العالمية المؤثرة حينئذ قبل البنك الدولي وغيرها، والتي أشارت إلى الحاجة

للتعليم التقني في حين علقوا كثيراً على عدم تكافؤ الفرص التعليمية بالجنس والعرق، وقاموا بتوزَيع الطلبة حسب الامتحانات على مراكز التدريب المهني للطلبة، حيث قامت وزارة التعليم بصقل التخصصات أو الفروع لدى الطلبة وتوزيعهم على العمل الأدبي والصناعي وغيرها، وقدموا نظام الشهادات باتجاهين لمن يدرس الإنسانيات أو التخصصات العلمية في عام ١٩٨٢ ثم تعديل التخصصات بما يتلاءم مع متطلبات سوق العمل من خلال أربع مسارات للتعليم:

الأول: يقوم على دوائر العلوم والتقنيات.

الثاني: يقوم على دوائر الطلب والكيمياء.

الثالث: يقوم على دوائر بكليات الفلسفة والقانون.

الرابع: يقوم على دوائر العلوم والسياسة والاقتصاد والإدارة وعلم الاجتماع.

وتشير الإحصاءات إلى أن معدلات البطالة للخريجين في الجامعات اليونانية في الثمانينات حيث وصلت (٩,٦%) ومع التطور في عملية التخصصات ومخرجات التعليم وصلت عام ١٩٩١ إلى (٩,٠%) وبعد ذلك إلى (٨,٢%).

وتوصل الباحثان من خلال الأدبيات إلى:

- الزيادة في عدد المشتركين في التعليم العالي ليس فقط بأعداد الخريجين وإنما بين الرسوب المتكرر للطلبة.

- معظم الطلبة التحقوا بالدراسات الإنسانية وعلم الاجتماع للذكور والإناث أما أصحاب الطبقة العليا التحقوا بمجالات الهندسة والطب.

* أهم النتائج التي توصلت إليها التجربة:
- عدم الوصول للتعليم العالي لاختلاف مراحل انتهاء المدرسة لكل الحالات الوظيفية وعدم تكافؤ الفرص للوصول للتعليم العالي.
- مكان الجامعات متساوي التوزيع الجغرافي ويفضل أصحاب الدخول المرتفعة أن أداء الطالبة للامتحان لا يتأثر بناءً على العقلية الاجتماعية أو العائلية.
- وجود المعاهد التي تدرس لغاية (٣ سنوات) حيث أوجدت البديل للدراسة في الجامعة أو غير الذين لم يدخلوا أو لم يستكملوا دراستهم الجامعية.
- مع ارتفاع نسبة البطالة سواء في اليونان وغير اليونان لخريجي الجامعة إلا أن مستوى البطالة للمعاهد التقنية اقل بكثير.
- اختيار فرص التعليم هي الحالة لانضباط وإيجاد القوائم من فرص التعليم وربطها بسوق العمل، بالإضافة إلى أن توزيع المعاهد والجامعات حسب المدن ارتبطت برضى الناخبين مما يؤثر على التوسع غير المفرط للتعليم العالي مع العواقب الوخيمة على البنية التعليمية للجامعات اليونانية.
- ويلاحظ مما سبق من عرض بعض التجارب الدولية حيث ركزت التجربة اليونانية على:
  - دخول الجامعة محدود بسبب الامتحانات الوطنية.
  - التركيز على التعليم التقني (٣ سنوات).

- معدل البطالة عام ١٩٩١ (٩,٠%) وبعد ذلك (٨,٢%).

- اختيار فرص التعليم هي الحالة لإيجاد القوائم بين فرص التعليم وربطها بسوق العمل.

- الزيادة في عدد المشتركين في التعليم العالي ليس فقط بأعداد الخريجين وإنما بسبب الرسوب المتكرر للطلبة.

- معظم الطلبة التحقوا بالدراسات الإنسانية وعلم الاجتماع للذكور والإناث، أما أصحاب الطبقة العليا التحقوا بمجالات الهندسة والطب.

٭ أما بالنسبة للتجربة الكورية، فقد برز فيها أهم القضايا التالية:

- التركيز على التوسع الكمي في التعليم.

- الاهتمام بجودة التعليم.

- زيادة المشاركة الشعبية في التعليم.

- أحكام ربط التعليم بثقافة المجتمع.

- توثيق صلة التعليم بالتنمية.

- بلغ مؤشر الإنفاق على التعليم كنسبة من الناتج القومي عام ١٩٩٠ (٣,٦%).

- ترتبط المركزية التعليمية في كوريا برغبة الحكومات في التحكم في التعليم توجيه صوب المساهمة في إحداث التنمية الشاملة.

- تتعدد وتتنوع مصادر الإنفاق على التعليم مما يساهم في توفير النهضة التعليمية الكورية فهناك إنفاق الحكومي هناك الإنفاق الخاص.

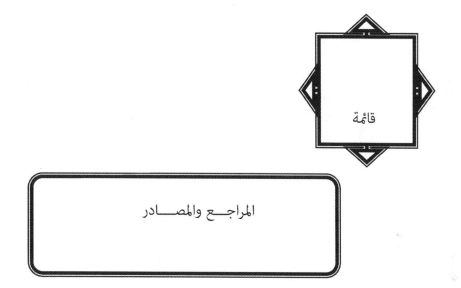

قائمة

المراجـــع والمصـــادر

١- المراجع العربية

- برنامج الأمم المتحدة الإنمائي في السعودية. (٢٠٠٤). مقدمة في التنمية البشرية، الإنترنت، السعودية.
- عمار، حامد. (١٩٨٧). تنمية الموارد البشرية، دار الرازي، الكويت.
- برنامج الأمم المتحدة الإنمائي. (١٩٩٥). تقرير التنمية البشرية لعام ١٩٩٥، عمان، الأردن.
- برنامج الأمم المتحدة الإنمائي في الأردن. (٢٠٠٤). مقدمة في مفهوم التنمية البشرية المستدامة، الإنترنت.
- برنامج الأمم المتحدة الإنمائي، (١٩٩٠). تقرير التنمية البشرية لعام ١٩٩٠، عمان، الأردن.
- برنامج الأمم المتحدة الإنمائي، (١٩٩١). تقرير التنمية البشرية لعام ١٩٩١، عمان، الأردن.
- برنامج الأمم المتحدة الإنمائي، (١٩٩٢). تقرير التنمية البشرية لعام ١٩٩٢، عمان، الأردن.
- برنامج الأمم المتحدة الإنمائي، (١٩٩٥). تقرير التنمية البشرية لعام ١٩٩٥، عمان، الأردن.
- برنامج الأمم المتحدة الإنمائي، (١٩٩٦). تفريد التنمية البشرية لعام ١٩٩٦، عمان، الأردن.

● برنـامج الأمـم المتحـدة الإنمـائي، (١٩٩٧). تفريـد التنميـة البشريـة لعـام ١٩٩٧، عمان، الأردن.

● برنـامج الأمـم المتحـدة الإنمـائي، (١٩٩٩). تقريـر التنميـة البشريـة لعـام ١٩٩٩، عمان، الأردن.

● برنـامج الأمـم المتحـدة الإنمـائي، (٢٠٠٢). تقريـر التنميـة البشريـة لعـام ٢٠٠٢، عمان، الأردن.

● برنـامج الأمـم المتحـدة الإنمـائي، (٢٠٠٣). تقريـر التنميـة البشريـة لعـام ٢٠٠٣، عمان، الأردن.

● برنـامج الأمـم المتحـدة الإنمـائي، (٢٠٠٤). تقريـر التنميـة البشريـة لعـام ٢٠٠٤، عمان، الأردن.

● برنـامج الأمـم المتحـدة الإنمـائي، (٢٠٠٠). تقريـر التنميـة البشريـة لعـام ٢٠٠٠، عمان، الأردن.

● قرم، جورج. (١٩٩٧). التنمية البشرية المستدامة والاقتصاد الكلي، حالة العالم العربي، سلسلة دراسات التنمية البشرية، رقم (٦).

● حمـودي، عبـد الكـريم. (٢٠٠٤). تقريـر التنميـة البشريـة، العـرب في المـؤتمر، الإنترنت.

● خميـس، موسى. (٢٠٠٣). التنميـة البشريـة المستدامة، المجلـة الثقافيـة،م (٥٨)، عمان، الأردن.

● خيري، مجد الدين. (١٩٩٣). مؤشرات التنمية البشرية العربية وتطورها، مؤتة للبحوث والدراسات، م (٨)، ع (٣)، ص ص ١٠٣-١٤٨.

● المسافر، حمود. (٢٠٠٣). إشكالية التناقض بين صندوق النقد الدولي وأهداف التنمية البشرية، إشارة خاصة إلى واقع التمويل الذاتي للتنمية البشرية في الوطن العربي، آفاق اقتصادية، م (٢٤)، ع (٩٤)، ص ص ٥١-٧٩.

● علاء الدين، محمد العوض. (١٩٩٣). التنمية البشرية، تطوير القدرات وتعظيم الاستفادة منها في الوطن العربي، المعهد الوطني للتخطيط، الكويت.

● عمار، حامد. (١٩٩٢). التنمية البشرية في الوطن العربي، سينا للنشر، القاهرة.

● عبد المعطي، عبد الباسط والهواري، عادل. (١٩٨٦). نظرية علم الاجتماع، دار المعرفة الجامعية، الإسكندرية.

● نعوم،عادل(٢٠٠٢) اقتراح لإدماج العوامل المؤثرة في مناخ العالم في مؤشرات التنمية البشرية، مجلة المستقبل العربي، م(٦)،ع(٢٨٠)،ص ص ٥٥-٦٢.

● عبد الفضيل، محمود. (١٩٨٠). أنماط التجارة والتبادل الخارجي في الوطن العربي، أنماط التنمية في الوطن العربي، المعهد العربي للتخطيط، الكويت.

● الصايغ، يوسف. (١٩٩٤). التنمية العربية من قصور الماضي إلى هاجس المستقبل، منتدى الفكر العربي، عمان.

● زحلان، انطوان. (١٩٨٨). العرب والعلم والثقافة، مركز دراسات الوحدة العربية، بيروت، ص ص ١٢-٢٣.

● الإمام، محمد. (١٩٩٤). التنمية البشرية من المنظور القومي، مركز دراسات الوحدة العربية، بيروت.

● عبد العزيز، سيد. (٢٠٠٤). التنمية البشرية من ثراء المفهوم إلى فقر الواقع، الإنترنت.

● جرادات، طاهر. (١٩٩٧). التنمية البشرية في الأردن بين الواقع والمأمول، مجلة العمل، ع (٧٨)، السنة العشرون، ص ص ٤٣-٥١.

● الخطيب، هشام. (١٩٩٧). التنمية البشرية في العالم الإسلامي، مجلة الندوة، م (٨)، ع (١)، ص ص ٧-٩.

● الخطيب، هشام. (١٩٩٦). إنجازات التنمية البشرية في العالم الإسلامي، مجلة المنتدى، م (١٢)، ع (١٢٦)، ص ص ١٤-١٩.

● بدوي، أحمد. (١٩٨٠). معجم مصطلحات التربية والتعليم، الإسكندرية، دار الفكر العربي.

● العودات، يوسف. (٢٠٠٣). مخرجات التعليم الديني الإسلامي والمسيحي واليهودي الاجتماعية والسياسية، دراسات شرق أوسطية، م (٨)، ع (٢٥)، ص ص ١٥-١٤٣.

● الشراح، يعقوب. (٢٠٠٢). التربية وأزمة التنمية البشرية، الرياض، مكتب التربية العربي لدول الخليج.

● عبد الحليم، أحمد المهدي. (١٩٩٩). التحديات التربوية للأمة العربية، دار الشروق، القاهرة.

● النجيحي، محمد. (١٩٧٧). الأسس الاجتماعية للتربية، دار العلم، الكويت.

● مايكل تامسون وآخرون. (١٩٩٧). نظرية الثقافة، ترجمة علي سيد الصاوي، عالم المعرفة، المجلس الوطني للثقافة والفنون والأدب.

● وليم اويش. (١٩٦٦). النموذج الياباني في الإدارة، ترجمة حسن محمد، معهد الإدارة العامة، الرياض، السعودية.

● عبد الدايم، عبدالله. (١٩٩٥). مراجعة إستراتيجية تطوير التربية العربية، المنظمة العربية للتربية والثقافة والعلوم، تونس.

● الجواهري، إسماعيل. (١٩٥٦). الصاح تاج اللغة وصحاح العربية، تحقيق *عبد الغفور العطار، ج (٦)، دار العلم للملايين، لبنان.

● منظمة الصحة العالمية. (١٩٨٠). الجوانب الصحية لحقوق الإنسان في ضوء تقدم علوم الأحياء والطب، ترجمة المكتب الإقليمي لشرق البحر الأبيض المتوسط، القاهرة.

● رضا، محمد جواد. (١٩٧٥). التربية والتبدل الاجتماعي في الكويت والخليج العربي، وكالة المطبوعات، الكويت.

● حسونة، وفيق. (١٩٩٠). المتطلبات التكنولوجية والتنظيمية للإشباع الدائم للحاجات الصحية الأساسية في العالم العربي، المجلس الوطني للثقافة والفنون والآداب، الكويت.

● زيادات، عادل. (١٩٩٤). الخدمات الصحية في المملكة الأردنية الهاشمية، جامعة اليرموك، اربد.

● بـدران، شبل. (٢٠٠٠). ديمقراطيـة التعليـم والفكر التربـوي المعاصـر، دار قبـاء للطباعة والنشر والتوزيع، القاهرة.

● التل، أحمد يوسف. (١٩٩٨). التعلـيم العـالي في الأردن، منشـورات لجنـة تاريخ الأردن، (٥٧)، دائرة المكتبة الوطنية، عمان.

● القاسم، صبحي. (١٩٠). التعليم العالي في الوطن العربي، منتدى الفكـر العربي، الأردن.

● صيداوي، أحمد. (١٩٩٨). التعليم الجامعي والعالي في الوطن العربي عـام ٢٠٠٠، مجلة اتحاد الجامعات العربية، ع (٢).

● محافظة، علي. (١٩٨٨). عشرة أعوام من الكفاح والبناء، مجموعة خطب جلالة الملك الحسـين بـن طـلال المعظـم مـن سنة ١٩٧٧-١٩٨٧، مركز الكتب الأردني، عمان.

● عازر، واصف وآخرون. (١٩٩٩). الإصلاح الاقتصادي والتنمية البشريـة في الأردن، مؤسسة عبد الحميد شومان، عمان، الأردن.

● الطيطـي، صـالح وإسـماعيل، غالـب. (١٩٩٠). إسـتراتيجية التنميـة العربيـة والتطلعات المستقبلية، دائرة المكتبات والوثائق الوطنية، ط٢، عمان.

● وزارة الصحة. (١٩٨٧). التقرير الإحصائي السنوي للعام ١٩٨٧، عمان، الأردن.

● وزارة الصحة. (١٩٦٥). التقرير الإحصائي السنوي للسنوات ١٩٥٨-١٩٦٥، عمان، الأردن.

● وزارة العمل. (١٩٩٥). سوق العمل والقوى العاملة في الأردن، مديرية المعلومات والدراسات في وزارة العمل، ١٩٩٥/١١/١٥، عمان، الأردن.

● وزارة العمل. (١٩٩٧). سوق العمل الأردني، مديرية المعلومات والدراسات، عمان، الأردن.

● النهار، تيسير. (١٩٩٩). خصائص سوق العمل الأردنية، سلسلة منشورات ٦٧، المركز الوطني للتنمية الموارد البشرية، عمان، الأردن.

● وزارة العمل. (٢٠٠٣). التقرير السنوي لسنة ٢٠٠٣، مديرية المعلومات والتعاون الدولي، عمان، الأردن.

● عبد الحليم، أحمد. (١٩٩٩). التحديات التربوية للامة العربية، دار الشروق، القاهرة.

● الحسيني، عبد المنعم. (١٩٩٧). التنمية البشرية في العالم النامي مع إشارة خاصة للعالم العربي، شؤون عربية، ع (٩٢)، ص ص ١٦٢-١٧٧.

● جرادات، طاهر. (١٩٩٧). التنمية البشرية في الأردن بين الواقع والمأمول، مجلة العمل، ع (٧٨)، ص ص ٤٣-٥١.

● خيري، مجدي. (١٩٩٣). مؤشرات التنمية البشرية العربية وتطويرها، مؤتة للبحوث والدراسات، م (٨)، ع (٣)، ص ص ١٠٣-١٤٨.

● منظمـة العمـل العربيـة. (١٩٨٥). إسـتراتيجية تنميـة القـوى العاملـة العربيـة، بغداد، العراق.

● مـؤمن، قيـس وزمـلاؤه. (١٩٧٧). التنميـة الإداريـة، دار زهـران للنشر ـ عـمان، ص ص ١١-١٤.

● الرشدان، عبد اللـه. (٢٠٠١). في اقتصاديات التعلـيم، دار وائـل للنشر ـ عمان، الأردن.

● عبـد الدايم، عبـد اللـه. (١٩٨٨). التربيـة وتنمية الإنسـان في الـوطن العـربي، استراتيجية تنمية القوى العاملة، دار العلم للملايين، بيروت.

● دائرة الإحصاءات العامة. (١٩٩٧). الأردن بالأرقام، عمان، الأردن.

● الدعجـة، هشـام. (٢٠٠٤). اتجاهـات معدلات البطالـة في الأردن ١٩٩١-٢٠٠٢، المركز الوطني لتنمية الموارد البشرية، سلسلة منشورات المركز رقم (١١١)، عمان، الأردن

● العجلوني، نائل. (٢٠٠١). رؤية التأمين الصحي في الأردن، مؤسسة عبد الحميـد شومان، عمان، الأردن.

● الوزني، خالد وآخرون. (٢٠٠١). قضايا أردنيـة معاصرة، تحرير فـوزي غرايبـة، مؤسسة عبد الحميد شومان، عمان، الأردن.

● دائرة الإحصاءات العامة. (٢٠٠٣). مسح العمالة والبطالة، التقرير لعام ٢٠٠٣، مديرية المسوح الأسرية، كانون الثاني، عمان، الأردن.

- وزارة التنمية الاجتماعية. (٢٠٠٢). مكافحة الفقر من أجل أردن أقوى، إستراتيجية وطنية شاملة، المملكة الأردنية الهاشمية، عمان.

- مسعود، جبران. (١٩٧٨). الرائد معجم قوي، م (٢)، ط (٣)، دار العلم للملايين، بيروت.

- البستاني، فؤاد. (١٩٥٢). منجد الطلاب، ط (٣)، المطبعة الكاثوليكية، بيروت.

- محجوب، الحق. (١٩٩٤). مفاهيم التنمية البشرية، التنمية البشرية في الوطن العربي، تحرير علي اومليل، بحوث ومناقشات منتدى الفكر العربي وبرنامج الأمم المتحدة الإنمائي، عمان: (١٠-١١) نيسان، عمان.

- عثمان، هاشم. (١٩٩٤). ورقة عمل التنمية البشرية في الوطن العربي، بحوث ومناقشات منتدى الفكر العربي، (١٠-١١) نيسان، عمان.

- مكتب العمل العربي. (١٩٩٧). الموارد البشرية العربية ودورها في الحياة الاقتصادية، مجلة العمل العربي، ع (٦٨)، ص ص ١١٩-١٢٠.

- الجابري، محمد والإمام، محمد. (١٩٩٦). التنمية البشرية في الوطن العربي، الأبعاد الثقافية والمجتمع، سلسلة الدراسات التنمية البشرية، اللجنة الاقتصادية والاجتماعية لغربي آسيا (الاسكوا)، نيويورك.

- عبد الدايم، عبد الله. (١٩٨٨). التربية وتنمية الإنسان.

- غباش، موزة. (١٩٩٦). المرأة والتنمية في دولة الإمارات العربية المسمرة، مجلة المستقبل العربي، ع (١٩)، ص ص ١٧٢-١٧٥.

● حافظ، عنايات. (١٩٩٩). تدعيم دور المرأة في التنمية المتواصلة، بحوث المؤتمر الثاني لكلية التجارة، جامعة الأزهر، القاهرة.

● السمالوطي، جنات. (١٩٩٦). نحو تعظيم دور المرأة المصرية في التنمية الاقتصادية، القاهرة، مصر.

● شبانة، أمينة. (١٩٩٩). أثر سياسات التصحيح الهيكلي في مصر على مساهمة المرأة في إحداث التنمية المتواصلة، جامعة الأزهر، القاهرة.

● منظمة العمل العربية. (١٩٩٢). المرأة والاستخدام والتنمية في العالم العربي، تحرير نبيل خوري، وأمل أحمد الفرحان، الهيئة العربية للمرأة والتنمية، بغداد.

● شامي، ستناي، وتأمينات، لوسين. (١٩٩٢). المرأة، العمل ومشاريع التنمية حالتان دراسيتان في الأردن، مجلة أبحاث اليرموك، سلسلة العلوم الإنسانية والاجتماعية، م (٨)، ع (٣)، ص ص ٩-٥١.

● نصراوي، فاتن. (١٩٨٦). العوامل التي تؤثر في الدور القيادي للمرأة في المجتمع الأردني من وجهتي نظر الإناث والذكور القياديين، رسالة ماجستير غير منشورة، جامعة اليرموك، اربد، الأردن.

● الرشدان، نائلة. (١٩٩٩). قضايا أردنية، حقوق المرأة في التشريعات الأردنية، مؤسسة عبد الحميد شومان، عمان، الأردن.

● حامد، عمار. (١٩٩٨). دراسات في التربية والثقافة، مقالات في التنمية البشرية العربية، مكتبة الدار العربية للكتاب، القاهرة.

- باقر، محمد. (١٩٩٧٩. قياس التنمية البشرية مع إشارة خاصة إلى الـدول العربيـة، اللجنة الاقتصادية والاجتماعية لغربي آسيا (الاسكوا)، نيويورك.

- اومليل، عـلي. (١٩٩٤). التنميـة البشريـة في الـوطن العربـي، بحـوث ومناقشـات الندوة الفكرية، منتـدى الفكـر العربـي وبرنـامج الأمـم المتحـدة الإنمـائي، عـمان، الأردن.

- أبو طاحون، عدلي. (٢٠٠٠). إدارة وتنميـة المـوارد البشريـة والطبيعيـة، جامعـة المنوقية، مصر.

- خيري، مجد الدين. (١٩٩٣). مؤشرات التنمية البشرية العربيـة وتطورهـا، مجلـة مؤتة للبحوث والدراسات، م (٨)، ع (٣)، ص ص ١٠٣-١٤٨.

- الحوت، علي. (٢٠٠٣). التنمية البشرية في ليبيا، جامعـة القاسـم، المركـز القـومي للبحوث والدراسات العلمية، الإنترنت.

- صادق، محمد. (١٩٨٦). التنمية في مجلس التعاون، عالم المعرفة، الكويت.

- الخطيب، أحمد. (٢٠٠١). التطوير التربوي، مؤسسة حمادة للدراسات الجامعيـة والنشر والتوزيع، اربد، الأردن.

- البوشـع، أحمـد والصـادق، عبـدالله. (١٩٩٧). رأس المـال البشـري وتـأثير النمـو الاقتصادي في البحرين، مجلة التعاون، ٥ (٧٠).

- حسن، محمد صديق. (١٩٩٨). دور التربيـة والثقافـة في دعـم التنميـة البشريـة، مجلة التربية، ع (١٢٧)، ص ص ٦٥-٧٩.

● حمودي، عبدالكريم. (٢٠٠٠). تقرير التنمية البشرية العربية، العرب في المؤتمر، الإنترنت.

● الخطيب، هاشم. (١٩٩٣). تجربة قياس التنمية البشرية في الأردن، تحرير علي اومليل، عمان، الأردن.

● مجموعة البنك الدولي. (٢٠٠٣). الأردن، الشرق أوسط وشمال أفريقيا، الإنترنت.

● الدعجة، إبراهيم. (٢٠٠٢). التنمية البشرية والنمو الاقتصادي، رسالة دكتوراه غير منشورة، جامعة الموصل، العراق.

● رشاد، عبد الناصر. (١٩٩٧). التعليم والتنمية الشاملة، دراسة في النموذج الكويتي، دار الفكر العربي، القاهرة.

● شاهر، محمد. (٢٠٠٠). مشكلة الفقر والتنمية البشرية في اليمن، رسالة ماجستير غير منشورة، جامعة عدن، اليمن.

● أبو ليمي، حميد وآخرون. (٢٠٠٣). الثقافة الإسلامية وتحديات العصر، دار المناهج، عمان.

● الخوالدة، محمد. (٢٠٠٣). مقدمة في التربية، دار المسيرة، عمان.

● قرم، ناديا. (١٩٩٢). المرأة والاستخدام والقوى العاملة، تحرير نبيل خوري وأمل فرحان، الهيئة العربية للمرأة والتنمية، عمان.

● اليونسكو. (١٩٩٤). تطوير التربية في الدول العربية: إحصاءات وإسقاطات، عمان.

- الأمم المتحدة. (١٩٩٧). استعراض وتقييم ما تم تنفيذه للنهوض بالمرأة العربية، سلسلة دراسات عن المرأة العربية في التنمية (٢٤)، الجنة الاقتصادية والاجتماعية لغربي آسيا (ألاسكوا)، نيويورك.
- ابن خلدون. (١٩٨٩). مقدمة ابن خلدون، دار الكتاب الجامعي، بيروت.
- الفصيعي، جورج. (١٩٩٥). التنمية البشرية، مرجعة وتقديم للمفهوم والمضمون، مركز دراسات الوحدة العربية، بيروت.
- صالح، حسن عبد القادر. (١٩٩٢). التخطيط ودوره في التنمية الاقتصادية في الإسلام، بحوث مؤتمر الإسلام والتنمية، تحرير فاروق عبد الحليم بدران، جمعية الدراسات والبحوث الإسلامية، عمان، الأردن.
- شهاب، محمد عبد السلام. (١٩٩٩). التنمية الإدارية في دولة الإمارات العربية المتحدة، آفاق اقتصادية، ع (٦٦)، م (١٨).

٢- المراجع الأجنبية:

- United Nations. (١٩٩٦). Work prygramme on indicators of sustainable development of the commission of sustainable development, division for sustainable development, N.Y.

- United Nations development programme (UNDP). (١٩٩٣). Human development report, new York, oxford university.

- United Nations development programme (UNDP). (١٩٩١). Human development report, new York, oxford university.

- United Nations development programme (UNDP). (٢٠٠١). Human development report, new York, oxford university.

- United Nations development programme (UNDP). (٢٠٠٢). Human development report, new York, oxford university.

- United Nations development programme (UNDP). (١٩٩٠). Human development report, new York, oxford university.

- Ronald, Dore. (١٩٩٦). The diploma disease. University of California press, USA.

- Thomas. R. M. (١٩٩٨). Human development, ultaraland religious concepts, Elsevier, USA.

- Karl, polyani. (١٩٧٥). The great trans formation, the political and economic origins of our time.

- Ministry of social development. (٢٠٠٣). Poverty alleviation for astroner Jordan, a comprehensive national strategy, Jordan poverty all aviation program the Hashemite kingdom of Jordan, Amman.

- Streeten, paul. (١٩٩٤). Human development; means and ends the American economic reveiar, SH (٢).

- Frederick, H. (١٩٧٣). Human resources as the wealth of nations, oxford university press, London, U.K.

- Khatib, H. (١٩٩٠). Human development report, jordan (afollow up), UNDP, december, amman, jordan.

- Meier, garald. (١٩٧٦). Leading issues in economic development, ٣rd ed, oxford university, new york, USA.

- Corrie, burce. (١٩٩٤). A human development inder for the black child in the united states. Challenge, vol. ٣٧, issue ١.

- Gouvias, diony sios. (١٩٩٨). The relation between unegual access to higher education and labour market structure, the case ssof greece, british journal of sociology of education, vol. ١٩, issues ٣, accession number ١١٧٣٠١٨.

- United nations development programme (UNDP). (١٩٩٩). Globalization has not been good to all, says UNDP reprot jordan, accession number: ٧١٤٠١٣٤٣٠٨٥.